코로나 시대, 5차 산업혁명

사회 대변혁 시대
미래진로 바이블

코로나 시대, 5차 산업혁명
사회 대변혁 시대

미래진로 바이블

2020년 09월 05일 1판 1쇄 인쇄
2020년 09월 10일 1판 1쇄 발행

저　자　박세훈
감　수　박종선
펴낸이　이현정
펴낸곳　푸른하늘미루

등록　제2009-000192호
주소　서울시 마포구 독막로 52, 207호
전화　02-332-1275, 1276
팩스　02-332-1274

ISBN 979-11-85608-09-9 (43300)

정가 15,000원

학생들이여, 진로를 결정하기 전에 사회 대변혁의 미래를 먼저 읽어라!

코로나 시대, 5차 산업혁명

사회 대변혁 시대
미래진로 바이블

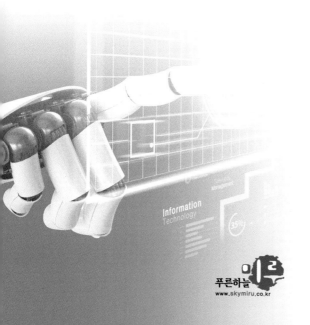

푸른하늘
www.skymiru.co.kr

코로나 시대 사회 대변혁을 알아야 살아남는다.
이 글을 읽고 미리미리 미래진로를 준비하는
시작점이 되기를 바란다.

신종 코로나바이러스(COVID-19, Corona Virus Disease-2019)라는
전염병이 전 세계를 강타하여 세상이 대변혁을 겪고 있다.
세계 각국은 아직도 이 바이러스와 끝나지 않은 3차 세계대
전 같은 전쟁을 치르고 있다. 1차·2차 세계대전 후 세상은
어떻게 변했던가? 사회 대변혁을 맞이하였다. 그렇게 지금도
코로나 시대의 대변혁을 겪고 있다. 이제 인류의 가장 큰 적
이 정치적·종교적, 이념적 무력 싸움보다 신종 바이러스와
신종질병이라는 사실을 확인하였다.

전염병은 완전히 사라지지 않는다. 변종이 되어 다시 등장하
여 지속해서 인간을 위협하고 있다. 가장 큰 원인은 바로 우리
인간 때문이다. 인간이 파괴한 자연환경과 급속한 기후변화로
인해 신종 바이러스의 창궐은 언제든지 다시 올 수 있다.

이번 코로나(COVID-19)로 어떤 현상이 일어났는지 우리는 눈으로 보면서 뼈저리게 느꼈을 것이다. 세상이 파괴적으로 확 바뀌고 있다는 사실이다. 그 첫 번째가 교육 혁명이다. 실시간 사이버 온라인 수업이 현실화하였다. 미래학자들조차 예측하지 못한 사회 대변혁이 앞당겨 갑자기 혁명처럼 훅 와 버렸다.

누가 살아남고 누가 도태되겠는가? 우리는 정확히 보고 이미 알고 있다. 아직도 사회 대변혁을 받아들이지 않고 알지 못하는 사람들은 자연스럽게 퇴장이다. 그러나 발 빠르게 변화를 온몸으로 받아들이고 있는 자들은 크게 성공하며 사회를 이끌어가는 리더의 위치로 가고 있다. 사회 대변혁의 세상이 부의 위치와 순서도 바꿔주고 있다.

기존의 미래학자들과 분야별 전문가들의 미래예측과는 전혀 다른 미래가 오고 있다. 출근이 뭐였지? 결혼식이 있었구나! 파티? K팝 콘서트? 나도 좋아했었지. 기업의 순위가 바뀐다. 현금 써본 지 오래네. 뉴노멀(New Normal)의 새로운 정상(正常)들이 지속해서 나타나고 있다. 악수하지 않는 문화가 정상인 시대로, 비대면의 언택트(untact) 문화가 온라인상의 컨택트로 자리 잡은 시대, 뉴노멀이 글로벌 스탠더드로 자리 잡는 정상의 시대가 왔다. 세상이 대변혁을 겪고 있다.

사이버 온라인 글로벌 스쿨이 등장하고 상상도 못 했던 생소하고 낯선 뜨는 직업들이 나타나 우리를 혼란스럽게 하고 있다. 혼족 문화 플랫폼이 세상을 지배해가고 있고, 면역력 최강의 식품들이 새로운 음식문화 트렌드를 형성해가고 있다.

이 책을 읽고 있는 여러분은 이미 테슬라 회장인 일론 머스크(Elon Musk)의 진공 자기부상열차(Hyperloop, 시속 3,000km 이상)보다 더 빨리 세상 변화를 피부로 느끼고 준비를 하고 있을 것이다. 코로나 시대 사회 대변혁을 알아야 살아남는다. 미래사회 대변혁을 알아야 돈을 번다. 미래사회 대변혁을 알아야 진로가 보인다!

생각만으로 일을 처리하는 의식기술의 시대, 싱귤래리티(Singularity, 특이점) 시대, 즉 5차 산업혁명 시대가 오고 있다. 빅데이터 기반의 AI를 장착한 로봇들이 인간의 숫자를 능가하는 시대이기도 하며, 바로 뇌 품을 파는 시대이다. 여러분이 20대 중후반이 되어서부터 본격화될 AI 전성시대. AI 로봇들과 사회 모든 분야에서 함께해야 하고 그들과 공존해야한다. 지금부터 차곡차곡 여러분의 AI 시대를 준비해야만 살아남는다. 미래는 AI에 의해 리믹스(remix, 재혼합) 되고 있다.

저자는 고3, 중3, 초 4학년의 자녀 셋을 두고 있다. 고3은 10대 인생을 보내는 시기 중 가장 답답하고 힘들고 길게만 느껴지는 기간이다. 그냥 뉴어벤져스(New Avengers)의 아이언맨이 되고 싶은 시기이다. 모든 것이 짜증스러운 나날이다.

친구문제, 이성문제, 선생님과 부모님의 안달 적 잔소리 같은 명언들. 모두 필요 없고 나와는 아무런 상관이 없는 쓸데없는 꼰대 말로만 들린다. 죽을 것만 같으니까. 아, 이놈의 1년, 2년이 왜 이리 더디게 지나가는 걸까.

몇 개월만 잠 안 자고 내 포트폴리오를 제대로 키워 나의 미래인생 100년의 편안함이 보장된다면 나는 이 좋은 시절에 몇 달 잠을 자지 않아도 좋겠다.

놀 만큼 놀다가 빨리 제자리로 돌아가고 싶다면 명상을 하자. 명상은 게으름에서, 답답함에서 나를 빨리 건져내는 데 큰 도움을 준다. 나와의 처절한 싸움에서 이겨야만 한다. 독해져야 한다. 남들이 여러분을 징그럽다고 할 정도로 독종이 되어야 한다. 그렇다고 현타(現+time)는 절대 놓치지 말자. 많은 정상적인 것들을 파괴적으로 바꿔놓고 있는 뉴노멀의 코로나(COVID-19) 이후 사회 대변혁의 시대는 그들을 원하고 있으며 그들이 바로 능력자들이다.

이 한 권의 책이 여러분의 인생을 확 바꾸는 계기가 되기를 간절히 바라본다. 그리고 삶의 목표 설정에 큰 도움과 힘이 되기를 희망한다.

2020년 여름 박세훈

| 차례 |

2장 코로나 시대 사회 대변혁을 알아야 돈을 번다

1

코로나 시대
사회 대변혁을 알아야 진로가 보인다

코로나 시대 사회 대변혁 메가트렌드 워칭, 특강 중인 저자

1

코로나 시대
사회 대변혁을 알아야 진로가 보인다

코로나가 만든 사회 대변혁

코로나(COVID-19)로 사회적 거리두기 언택트 문화가 정착되었다. 하나의 정책이 시스템화되고 또 문화로 자리 잡게 되면 수십 년간 이어져오던 기존의 사회경제적 분야가 큰 틀에서 변해가게 된다. 전혀 상상치도 못했던 새로운 언택트 문화가 뉴노멀이 되었다. 사회 대변혁의 큰 메가트렌드가 형성되고 있다.

돈벌이 시장과 일자리 분야의 사회시스템 전체가 변해가

고 있다. 우리는 이를 두고 사회 모든 분야의 패러다임 (paradigm)이 변했다고 말한다. 수십, 수백 년간 당연시해왔던 우리의 견해와 사고가 근본적으로 변해가고 있다는 말이다. 그런데도 현재의 직업과 일자리만을 강조한다면 분명 실패한 삶을 살아갈 것이다.

집콕, 재택 원격근무, 온라인 미팅 등 혼족 시대에 걸맞은 문화가 자리 잡았으니 그에 맞는 사업거리, 먹을거리, 장삿거리를 찾아야 한다. 이 모든 혼자만의 문화를 통합플랫폼으로 묶어보자. 큰 일자리와 돈벌이의 장이 될 것이다.

사회 대변혁의 코로나 시대, 어떻게 살아남을 것인가

코로나 시대가 오랫동안 지속될 것으로 예측하고 있다. 코로나(COVID-19) 이후에는 상상하기조차 힘든 사회 대변혁이 올 것이다. 이미 우리는 그 대변혁과 대전환의 끝자리에 와 있다. 무엇을 하여 어떻게 살아남을 것인가?

언택트 비대면 문화 정착, 웨비나(webinar)와 화상회의로 이루어지는 원격근무 비즈니스, AI 디지털 업무로의 대전환, 세계경제의 파괴적 장기 침체, 정규직이 아닌 시간제 파트타임제 증가, 축소되는 급여, 더 커진 디지털 격차, 시민참여 주축의 디지털국가화, 사라진 중국계 관광객 요우커

(游客, yóukè)들, 사이버 온라인 실시간 교육 혁명, 무인원격 시대, 무인가게, 기존에 해오던 혁신을 혁신하고 그 혁신과정 또한 혁신하기 등이 사회 대변혁의 핵심 부분이다.

2019년 코로나(COVID-19) 이전으로는 결코 돌아갈 수 없게 변해버린 사회 대변혁. 이에 적응하고 대응하지 못하는 신인류인 여러분들 중에는 지금 육체적 고통에 더해 우울과 불안, 공황 등의 정신적 고통으로 피폐화 되어가고 있는 큰 코로나(COVID-19) 사회병을 앓고 있는 친구들이 주변에 많을 것이다. 강한 멘탈이 더욱 절실한 시기이다.

코로나가 바꾼 파괴적 뉴노멀 세상

혼자만의 문화, '나홀로 문화'가 하나의 큰 트렌드로 자리 잡았다. 미래학자들까지 놀라게 한 미래세상이 만들어져 가고 있다. 물론 과학적 근거로 또한 본인의 사업경험 등으로 이번 코로나(COVID-19)와 같은 엄청난 신종질병과 신종 바이러스 창궐을 예측한 미래학자들도 있다. 미래학자 중에서는 제롬 글렌(Jerome Glenn) 유엔미래포럼(The Millennium Project/MP) 본부 회장과 각국 대표부의 대표(노드, node) 미래학자들이 있다. MP가 선정하여 실천하고 있는 '지구촌 15대 해결과제' 중에 신종질병과 신종 바이러스 대책과 대안이 들어있다.

또 다른 말로 표현하자면 대부분의 일반 미래학자들이 예측한 내용들과 전혀 다른 미래가 오고 있다는 말이 된다. 상상할 수도 없는 엄청난 쓰나미처럼 몰려온 이번 사회 대변혁은 지구촌의 모든 것을 바꿔버렸다.

무엇보다 큰 파장은 바로 '교육 혁명'이다. 저자는 혁명이라는 말을 별로 좋아하지 않으나 이번만은 반드시 사용해야겠다. 교육적 선진국이라 하는 유럽 각국들에서 수백 년 간 이어져오던 교육의 근본 틀이 확 바뀌어 버렸다. 스마트폰이나 디지털 기기가 보급만 되면 세계 어디에서나 저명하다는, 유명하다는 강사들의 강의는 물론 교육적 자료와 정보를 실시간으로 얻을 수 있게 되었다.

저자는 초초각각으로 변하는 미래 길라잡이 책으로 적절하지 못한 오래된 교과서를 없애고 실시간 교육을 하자고 십수 년 전부터 주장을 해왔었다. 그 결실이 코로나(COVID-19)라는 큰 불행을 겪으면서 오게 되어서 많이 안타깝지만 그래도 다행이라 여긴다. 스마트폰으로 수업을 하면 된다. 온라인 사이버 글로벌 스쿨의 등장이 빨라졌다. 정상적인 것들이 파괴적으로 바뀌고 있는 뉴노멀의 사회로 진입하였다.

그 다음으로 중요한 변화는 기업의 순서가 바뀐다는 것이다. 4차, 5차 산업혁명 시대에 걸 맞는 업종을 주력 기업으로 하고 있는 기업군들이 급성장하고 있기 때문이다. 우리나라의 10대기업 흥망사를 보면 잘 알 수 있다. 특히 면역력 최강의 기후건강식품 기업들과 혼족 문화 통합플랫폼 운영 기업들이 빠르게 부를 축적해가고 있다. 어디에서 미래일자리나 미래사업 거리를 찾아야 하겠는가?

기후변화로 인한 신종 바이러스 창궐

빌 게이츠는 2015년 한 인터넷 언론과의 인터뷰에서 신종질병이 지속해서 등장하여 인간의 삶에 큰 피해를 줄 것으로 예측했었다. 그로부터 5년이 채 되지도 않은 시점에 우리는 신종 바이러스인 코로나(COVID-19)의 급습을 받고 있다.

이러한 신종 바이러스 창궐의 근본적인 이유는 무엇일까? 바로 인간의 환경파괴에서 찾아야 한다. 인간은 삶의 질 향상이라는 이름으로 100년 이상 산업화과정에서 엄청난 이산화탄소를 비롯해 감축 대상인 온실가스를 배출시켜왔다. 그 결과가 이제야 우리 인간에게 역으로 나타나기 시작한 것일 뿐이다. 이러한 온실가스가 기후변화를 가져와 자연환경을 파괴했고 바이러스가 기생하여 살아가는 숙주인 동물들이 살 곳을 잃고 헤매기 시작했다.

결국 삶의 터전을 잃어가고 있는 동물들은 인간사회로 옮겨오기 시작했고, 인간은 이들 동물을 퇴치하기 위해 건강에 좋은 식품이라고 둔갑시켜 식용하기 시작했던 것이다. 바로 현재진행 중인 코로나 창궐의 첫 번째 이유가 인간의 자연환경 파괴로 인한 기후변화에서 찾아야 한다.

이제는 다음 바이러스의 확산을 컨트롤하기 위해 나 자신의 디지털 복제본을 보유하게 될 것이다. 또한 산불대비 훈련, 지진과 재해재난 대비훈련처럼 체계적이고 지속적인 바이러스 대비 검방역 훈련을 월 1회 이상 정기적으로 하여 습관화할 필요가 있다. 살아남기 위해서다.

코로나 시대 사회 대변혁을 알아야 살아남는다

부모님이 말하는 좋은 고등학교에 진학만 하면 그리고 남들이 말하는 좋은 대학에 입학만 하면 인생이 끝나는 것이 아니다. 바로 또 다른 고난과 희망의 시작이다. 이 책을 읽는 여러분은 항상 나의 20대, 30대를 그려보아야 한다. 상상이라도 좋으니 나의 미래를 이미지화하여 최대한 멋있게 그려보자. 나는 무엇을 하며 어떻게 멋있게 살아가야 하나! 무엇으로 먹고살아야 하나! 바로 코로나 시대 사회 대변혁을 알아야 제대로 살아남는다. 코로나 시대 사회 대변혁을 알아야 돈을 번다. 5년, 10년, 20년 후의 미래를 미리 알아보고 계획하여 살아가야 한다. 내가 20대 중후반이 되는 2030년경에는 어떤 세상이 나를 기다리고 있을까?

미래는 예측할 수 있다. 미래학이라는 학문의 분야가 있고 미래예측방법론이라는 미래를 예측하는 기법(툴, tool)이 있다. 바로 TQ(Trend Quotient, 트렌드 지수)를 높여야 살아남는다. 미래예측능력을 키워야 살아남는다. 세상은 이렇게 급하게 변하고 있는데 나는? 대한민국에서, 우물 안에서!

이슈가 등장하여 핫이슈가 되고 트렌드를 형성하면 돈을 벌 수 있는 시장(市場)이 마련된다. 그 장이 커지면 성숙단계가 되고 바로 돈이 되는 시점을 알려준다. 그 성숙단계이자 돈이 되는 시점을 미래학 전문용어로 메가트렌드(megatrend)라 한다. 이 메가트렌드를 정확히 읽고(reading) 살펴볼 수 있는(watching) 능력인 TQ를 높이면 절대 실패한 삶은 살지 않을 것이다.

지금은 NBASR 융합과 접목의 시대다

지금 우리가 살아가고 있는 이 시대를 '후기 정보화시대 또는 4차 산업혁명 시대라' 하고, 초융합, 초연결, 초지능의 시대라고도 한다. 특히 나노(Nano)와 바이오(Bio)는 사회 모든 분야에 융합되고 접목되는 아주 기본적이고 근간이 되는 인문학적 기술이다. 여기에 인공지능(Artificial Intelligence, AI)과 싱귤래리티(Singularity, 특이점, 예측하기도 힘든 시대, 5차 산업혁명 시대로 넘어가는 시점, 의식기술의 시대, 뇌 품 파는 시대, 생각으로 일을 처리하는 시대)와 로봇산업(Robotics)의 융복합 시대를 여러분은 살아가야 한다.

빅데이터(Big data) 기반에 AI를 장착한 로봇들이 인간의 숫자를 능가하는 시대, 여러분은 바로 로봇과 공존하고 한없이 경쟁하며 살아가야 한다. 모두 인문학이다. 인간이 다루는 모든 학문과 기술은 인문학이다. 빌 게이츠(Bill Gates, 마이크로소프트 창업자), 베조스(Jeff Bezos, 아마존 CEO), 일론 머스크(Elon Musk, 테슬라 CEO), 저커버그(Mark Zuckerberg, 페이스북 CEO), 이들 모두는 10대 중후반부터 20대에 빈 창고나 허름한 차고를 메이커 센터(maker center)로 여기며 뚝딱뚝딱 무엇인가를 만들다가 세계적 갑부가 된 엔지니어, 기술자들이었다.

엔지니어가 직접 경영을 하는 시대가 20여 년 전부터다. 굳이 경영학과나 경제학과를 나와야 한다는 방정식이 깨진 지는 오래다. 내가 그 기술과 상품에 대해 정확히 알지 못하면서 어떻게 고객을 대상으로 상품 소개와 설명을 할 수 있단 말인가. 지식 없이 외워서 설명서만 되풀이 말하는 앵무새식 발표자에 불과한 경영인은 이미 대부분 퇴출되었다.

위에서 언급한 세계적 갑부들은 대학을 제대로 나오지 못했다. 우리는 십몇 년 전만 해도 그들 보고 미친놈, 정신 나간 놈, 또라이 아냐? 무슨 화성을 식민지화하여 인간이 살도록 하고 우주여행을 시켜준다고? 시속 3,000㎞가 넘는 진공 자기부상열차를 만든다고? 그때는 많은 사람들이 헛소리라고 치부했었다. 지금은 어떻게 되었는가? 평범한 사람들이 보기에는 또라이였기에, 그렇기에 성공하여 어마어마한 돈을 벌었다. 엉뚱하고 생뚱맞고 이상해야지만 정상인 시대이며 돈을 벌 수가 있다. 뉴노멀의 시대가 왔다.

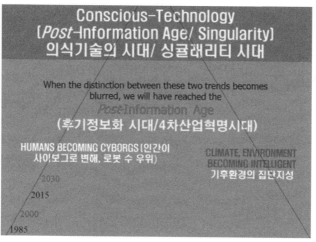

초융합, 초연결, 초지능의 4차 산업혁명 시대에서 싱귤래리티
5차 산업혁명시대로 가는 길, MP

코로나와 4차 산업혁명이 부(富, wealth)의 지도와 부자들을 바꾸고 있다

우리 앞에 4차 산업혁명 시대가 펼쳐지기 시작한 지 벌써 10여 년이 지나고 있다. 여러분들이 익히 알고 있던 세계적인 갑부들은 대부분, 이 4차 산업혁명 시대의 핵심 분야들에서 돈을 벌었다. 물론 아직 석유재벌, 부동산재벌과 같은 2차, 3차 산업혁명 시대의 갑부들이 존재하고는 있다. 그러나 여러분들 앞에는 4차 산업혁명 시대와 미래의 5차 산업혁명 시대가 존재할 뿐이다.

세계 1등 기업인 아마존이나 마이크로소프트, 애플, 화웨이, 삼성 등 세계적인 글로벌 기업들은 모두 지속해서 발전하기 위해 4차 산업혁명 시대와 5차 산업혁명 시대의 핵심 분야들을 꾸준히 연구·개발하고 생산하여 인류의 삶의 질을 높여주고 있다. 그리고 새롭게 부상하는 미래 신기술들로 스타트업을 하여 큰돈을 벌고 있는 신흥 갑부들 또한 합세하여 글로벌 부의 지도를 바꿔가고 있다. 여러분도 이 바뀐 글로벌 부의 지도 속 더 넓은 시장에서 살아가야 한다.

이제는 AI 면접과 언택트 채용, 활증의 시대다

이제는 활동증명의 시대다. 스펙(spec.)의 시대는 끝났고, 포트폴리오(portfolio)의 시대가 왔다. 코로나 이후 교육대혁명이 우리의 미래 길을 알려주었다.

내가 무슨 대학 경영, 경제, 회계, 법학, 무역학과 수석 졸업했는데. 어쩌란 말인가! 수많은 장롱 자격증만 가지고 있으면 어디에 쓰나? 우리나라를 벗어나 글로벌 시장에서는 대부분 제대로 대우를 받지 못하는 현실이다. 명심하자. 온라인 글로벌 시대이다. 한국에서만 통용되는 것이 아닌 세계시장 곳곳에서 모두 활용할 수 있는 글로벌 인증서가 필요하다.

더더욱 비대면 문화가 정착하고 화상과 온라인 미팅과 플랫폼 사업이 정착해가는 사회 대변혁의 시대와 AI 면접관 등장과 원격 언택트 채용에는 글로벌 스탠더드이자 뉴노멀 시대에 맞는 나를 가꾸는 다양한 활동증명은 글로벌 능력자가 되는데 필수이다.

'나는 어떤 단체나 글로벌 기구 및 비영리 조직에서 이러이러한 봉사활동과 체험활동, 견학, 실습, 시연했다.'라는 다양한 활동증명서가 필요한 시대이다. 어디서든 알바한 것, 어느 곳이라도 여행한 것, 다양한 국제행사 등에 참여하여 안내와 진행을 했던 확인증 그리고 웨비나(webinar, web+seminar, 온라인세미나)에 참여한 경험 등의 글로벌 증명서가 대한민국의 대학졸업장 보다 중요한 시대가 되었다. 왜냐하면 온라인 글로벌 시대가 정착되었기 때문이다.

글로벌 시대가 정착되면서 글로벌 기업들은 한국형 천재가 아닌 글로벌 인재를 채용하거나, 기용하고 활용한다. 글로벌 인재란, 기본적으로는 강한 정신력과 체력을 겸비한 SQ(survival quotient, 강한 삶의 애착지수)가 높고 더불어 세계 공영어인 영어, 중국어를 구사하며 컴퓨팅스(computings: programer, platformer, developer)를 하는 인재를 말한다. 이것이 글로벌 인재가 갖추어야 할 3대 생존요소라 하겠다.

다니기만 하여도 세상이 보인다. 부모님을 따라 많아 돌아다녀야 한다. 고등학생이 되면 방학 때 한두 명의 친구들과 함께 우선 국내 곳곳을 돌아다녀라. 알바해서 번 수입으로 떠나보자. 그리고 충분히 힐링한 후 새롭게 나의 인생의 새로운 세상을 열겠다는 다시 시작하는 마음으로 돌아오자. 복잡했던 뇌 속을 시원하게 청소하고 다시 나를 다잡고 순간 집중해서 나의 목표를 향해 뚜벅뚜벅 나아가자. 글로벌 인재가 되기 위하여!

사회 대변혁 시대, TQ를 높여야 살아남는다

TQ(Trend Quotient), 즉 트렌드 지수를 최대한 끌어 올려야 한다. TQ가 높아야 살아남는다. IQ(intelligence quotient), EQ(emotional quotient)는 DNA라 할 수 있다. 코로나 이후 사회 대변혁의 시대에는 더 높은 TQ가 필요하다. TQ는 글로벌 소통과 공유의 장을 활용하여 지속해서 관리하여야 일정 수준 이상을 유지할 수가 있다. 매일 새로운 글로벌 자료와 정보, 뉴스 등 새로운 내용을 실시간으로 입수·분석하고 나름 예측하여 나의 목표를 위해 활용하고 응용하면 된다. 과거의 노멀을 빨리 뇌에서 청소하고 뉴노멀을 노멀로 받아들여야 한다.

글로벌 컨텐츠들은 현재 여러분들이 모두 하는 다양한 SNS(TikTok, Youtube, Facebook, Instagram, Pholar, 팟빵, 애플팟캐스트, 오디오클럽, 유튜브, 앵커, 구글팟캐스트, 팟티 등)를 통하여 얻을 수 있다. 그리고 나의 20대, 30대를 생각하면 몇 년이 남았으며 몇 년 후가 되고 또 내가 몇 살이 되는지를 항상 생각해야 한다. 그리고 어떤 시대가 나에게 다가오고 있는지 미리미리 깨닫고 시간 낭비하지 말아야 한다. TQ를 높이면 나의 미래가 보이고, 미래를 알아야 진로가 보인다. 삶의 목표를 설정할 수 있다!

4차 산업혁명 초융합 AI형 글로벌 인재만 살아남는다

4차 산업혁명 시대의 핵심 분야들이 이제 사회 모든 분야에 깊숙이 자리 잡아가고 있다. 코로나가 만들어준 사회 대변혁 시대에 벌써 글로벌 기업들은 5차 산업혁명 시대를 준비하고 있다. 4차 산업혁명 핵심 분야들을 두루두루 섭렵해야 살아남는 시대가 되었고, 글로벌 리더 그룹이라 할 수 있는 상위 10%로 살아갈 수 있다.

4차 산업혁명 시대의 핵심 분야는 빅데이터 기반의 AI 로봇산업, 수명연장에 따른 어겐스트에이징(against aging, 노화 역전)의 바이오헬스케어산업, 미래에너지이자 미래식량이고 식품인 미세조류 산업(micro algae) 그리고 위의 4차 산업혁명 시대 핵심 분야가 융접목된 뉴스마트팜(new smart farm, 바이오 팜) 등으로 크게 나눌 수 있다. 이들 분야에서 스타트업, 사업 거리, 장삿거리, 먹을거리를 찾아야 한다. 이제는 기후 건강산업이며 인간의 근본을 다루는, 없어서는 살 수 없는 생명산업이다. 엉뚱한 곳에서 헤매지 않기 바란다.

글로벌 기업은 한국형 천재보다 글로벌 인재를 채용하거나 기용하고 활용하기 때문이다. 여러분은 시간 부자들이다. 100년을 일하고 150년을 살아가야 한다. 긴 시간 지속해서 글로벌 무대에서 자료와 정보를 찾아서 배워나가야 한다. 대부분 분야는 여러분들이 이미 활용하고 있거나 아주 쉽게 우리 곁에 와 있는 인문기술들이다.

뇌 청소를 하자

여러분들은 유치원, 초등학교, 중학교에서 훌륭한 선생님들로부터 인성교육을 잘 받아왔을 것이다. 벌써 고등학생이 되어 10대 최고로 힘든 나날을 보내고 있다. 시간은 참 빠르게 지나가고 있다. 집 현관 앞에 놓여있는 여러분들의 어린아이 때 사진들을 보면 자신도 느낄 것이다. 아, 내가 벌써 19살이야! 아, 좋아 내년이면 나도 성인이야, 어른이라고.

그런데, 우리나라에는 미래학이 들어오지 않아 학교 선생님들도 5년, 10년, 20년 후 세상이 분야별로 어떻게 변해가는지에 대한 미래 삶의 지침서를 여러분에게 알려주지 못해 참 안타깝게 생각한다. 100년을 일하고 150년을 살아가야 할 여러분은 아직 인생의 출발점에도 서 있지 않다. 시작도 하지 않았는데 무엇을 그렇게 고민하나? 미래진로 문제와 친구 문제 그리고 이성 문제로 가슴앓이할 때임을 어른들은 알고 있다. 모든 것들이 지나가는 과정이라고 치부하면 참 화가 날 것이다. 여러분들에게는 인생이 걸려있는 아주 중요한 문제들인데 말이다. 고민하자. 지독하게 고민하고 가슴 아파해보자. 20세부터 학교 밖 인생을 시작하니 그때 가서는 또 그때의 고민을 하자. 고민도 때에 맞게 해야 늦지 않는다.

결론은 지금껏 선생님들과 부모님들에게서 들어온 많은 미래의 이야기들, 잊을 것은 빨리 잊어버리고 청소해 버리자. 여러분의 뇌를 80% 정도 비우자. 그 참한 인성과 우직한 사나이 정신과 예쁘고 바른 마음을 빼고는 다 청소하라. 그래야 21세기 4차, 5차 산업혁명 시대에, 아시아의 시대 그리고 아프리카의 시대에 맞게 살아갈 수 있다. 일반 학교에서 또 부모님들에게서 들어왔던 좋은 전공, 좋은 직업들은 여러분들이 20대 중후반이 되면 60% 이상 사라지는 직업 또는 직종과 전공들이기 때문이다. 빨리 잊고 뇌를 청소하는 사람만이 많이 채우고 코로나 이후 사회 대변혁 시대의 글로벌 리더 그룹으로 살아갈 수 있다.

어떻게 뇌 청소를 하면 되는가? 글로벌 인재 3대 요소를 언급했다. 4차 산업혁명 시대 초융합 AI형 글로벌 인재만 살아남는 시대이기 때문이다. 그리고 우선 가장 손쉽게 우리가 접할 방법은 글로벌 필독서를 읽는 것이다. 글로벌 리더 그룹들의 글을 읽어보자. 마윈, 손정의, 주커버거, 베조스, 일론 머스크, 시진핑 등에 관한 책들이 많다. 10번 이상 읽어서 마음 담금질을 하여야 한다.

생각나는 즉시 실천하자

PQ(practice quotient, 실천/실행지수) 높은 사람을 말한다. 생각나는 즉시 실천하라는 말이다. 마음속으로 아무리 많은 미래계획을 가지고 있어 봐야 소용없다. 실행하고 널리 알려 국가에 그리고 인류에 보탬이 되고 수익을 올려야 한다. 코로나 시대 사회 대변혁 시대의 글로벌 리더 그룹의 리더가 되어가는 과정도 중요하나 결과는 더욱 중요하다. 실패하더라도 경험으로 삼고 다시 일어나라고 다들 말하지만, 너무 힘든 말이다. 2020년 사회 대변혁의 시대인 요즘은 실패하면 재기하기가 매우 힘든 시기이다. 그러니 무슨 일이든 시작하기 전 아주 철저한 준비과정과 시뮬레이션(simulation, 모의실험)이 절대적으로 필요하다. 더 이상 실패는 성공의 어머니가 아니다.

아, 이 책 참 좋다. '나도 내일부터는 이 책에서 저자가 말한 대로 한번 실천해야겠다.'고 말하는 '내일', 이것은 병이다. 바로 '내일병'인 것이다. 무엇이든 좋은 일은 꼭 내일부터라고 한다. 그러나 내일은 이미 늦다. 누가 다 가져가 버린다. '내일병'을 없애고 생각나는 즉시, 바로 실천하도록 해야 한다.

PQ는 바로 공유와 소통의 능력이다. 그러니 좋은 컨텐츠나 아이디어가 떠오르면 빨리 널리 공유해야 한다. 나 혼자 사장님께, 원장님께 보고하여 칭찬받고 승진해야지. 이러한 생각을 하는 그 몇 분 사이에 벌써 누가 여러분의 훌륭한 컨텐츠를 체 간단 말이다. 내 것은 없다. 소유의 시대 종말 그리고 천재의 시대 종말이다. 빨리 나누고 함께 일하는 집단지성의 공유 협업 경제시대이다. 누가 빨리 플랫폼 등에 나의 생각을 나누는가에 승패가 달려있다. 나누어라. 마음도, 컨텐츠도, 기술도, 사랑도. 그것이 이기는 길이다.

생뚱맞고 엉뚱하고 이상해라

우리나라에 아주 오래전부터 이어져 온 양반의식과 변화를 두려워하는 안정마인드가 새로운 기술을 받아들이는데 아주 인색하게 만들었다. 무의식적으로 모험을 두려워하는 DNA가 생겨났다. 경험하고, 모험하고, 체험하고, 실습하고, 시연하고 견학하면서 새로운 것을 내 것으로 만들어가는 시대가 되었다. 이러한 방법이 선진 각국에서는 20년, 30년 전부터 유치원 교육에서부터 실행이 되고 있어 빠른 4차 산업혁명의 핵심인재로 성장할 수 있도록 도와주고 있다.

4차 산업혁명 시대에 글로벌 리더 그룹으로 성공한 삶을 살아가려면 생뚱맞고, 엉뚱하고 이상해야 한다. 교사들이여

'하지 말라.'라는 금기어를 학생들에게 사용하지 말자. 힘들겠지만, 이러한 친구들에게 더 큰 용기를 주자. 생뚱맞은 짓을 하지 말라는 말은 그 아이를 망치는 말이 될 수도 있다. 이제는 뉴노멀의 보편타당한 말로 바뀌었기 때문이다. 학생들이여 선생님이 그렇게 말하거든 이렇게 알아들어라, '야, 너는 반드시 크게 성공할 놈이다.'라고.

모든 것이 인문학이다(어른들의 반성)

사람이 하는, 인간이 다루는 모든 기술과 학문은 인문학이다. 철학, 미학, 고고학, 인류학과 역사만이 순수 인문학은 아니다. 인문학은 4차 산업혁명이다. 4차 산업혁명 핵심 분야가 모두 인문학이다. 왜? 이제는 모두가 스마트폰을 사용하며 컴퓨팅스를 하고 있기 때문이다.

십수 년 전만 해도 우리는 무엇이라 했던가? 경영은 경영학과를 나온 사람이 하는 것으로 생각했다. 세계적인 갑부들은 글로벌 AI 분야나 바이오헬스케어 분야의 전문가이자 저명인사들, 몇십조 원 이상을 벌어들인 이들이 대부분 직접 CEO(chief executive officer, 최고경영자)나 회장 자리에 있다. 그런데 그들은 우리나라 아재들의 라떼 말로 모두 엔지니어, 즉 기술자들이다. 이제 기업경영도 그 기술과 핵심 분야의 엔지니어인 전문가가 당연히 맡고 있다. 하고 있는 사업 분야의 전문지식이 없고 모르면 성공하기 어렵기 때문이다.

모든 것이 인문학이고 우리는 인성을 쌓아야 한다. 인성이란 두루두루 폭넓은 인간관계를 별 탈 없이 잘해가는 행위이다. '걔, 괜찮은 놈이야.', '걔, 괜찮아.'라는 말이 최고의 한마디이다. 그런 말을 듣기 위해서는 타고난 DNA(유전인자)도 필요하겠으나 명상(meditation)을 통해서 많은 것을 얻을 수 있다. 하루 5분 만이라도 명상의 시간을 갖자. 눈을 감고 차분히 나에게 집중하고, 주변을 살피고 내일을 준비하자. 반드시 승리하는 우리가 될 수 있다. 1980년대 세계 최고의 록밴드 중의 하나였고, '보헤미안 랩소디'란 영화로 유명한 퀸의 'We are the champions(친구야, 우리가 챔피언이야.).'의 가사처럼 말이다.

영어, 중국어, 컴퓨팅스는 기본이다

사회 대변혁의 온라인 글로벌 시대가 완전히 정착되어가고 있다. 글로벌 AI 기반기술의 급속한 발전으로 국경과 나라의 개념이 희박해지고 있는 시점이며, FTA(자유무역협정) 등으로 경제국경은 이미 없어지고 있다.

대변혁의 글로벌 시대 리더 그룹, 상위 10%로 살고 싶지 않은가? 잘살아 보고 싶지 않은가? 돈도 많이 벌어보고 싶지 않은가? 사람은 한 번밖에 살지 못한다. 빌 게이츠처럼 약 150조 원을 사회에 환원하며 좋은 곳에 잘 쓰면 존경받는 기업인이자 미래 창조자로서 역사에 이름도 남는다.

이렇게 글로벌 리더 그룹으로 살아가기 위해서는 반드시 해야 할 일 3가지가 있다. 그것은 글로벌 리더가 되기 위해 반드시 갖추어야 할 3가지 핵심내용이자 기본 소양이다. 첫째, 세계 공용어(global official language)인 영어를 해야 한다. 둘째, 세계 1등대국의 언어인 중국어(mandarin, 부통화, 普通话)를 해야 남들보다 나은 삶을 살 수가 있다. 여러분이 20대 중반이 되어 세상으로 나올 시점인 2025년경에는 중국이 명실상부한 인구 1등, 경제 1등, 군사력 1등인 세계 1등대국으로 우뚝 설 것이다. 셋째, 컴퓨팅스(computings)를 해야 한다. 프로그래머(programmer), 플랫포머(platfomer), 디벨로퍼(developer)가 되어야만 더 나은 일자리를 얻고 스타트업 할 수가 있다.

AI 로봇의 숫자가 인간보다 많아진다

여러분이 20대 중후반 30대 초반이 되는 2030년경이 되면 빅데이터 기반의 AI를 장착한 로봇들이 인간의 숫자를 능가한다고 예측하고 있다. 로봇과 공존해야 하는 시대이고 그들과 무한 경쟁을 해야 하는 시대이다. 기업경영과 사업적이고 이성적인 분야에서는 당연히 인간이 로봇을 앞서있겠지만, 단순한 업무적이고 생산적인 분야에서는 인간이 로봇을 이기지 못한다. 그러므로 로봇을 다루는 직업, 즉 로봇을 매니징(managing)하고 컨트롤링(controling)하는 분야 또한 핫한 직업들이 많이 있다. 노동은 AI가 하고 인간은 AI를 생산, 확대, 융접목을 하게 된다.

우리 미래학자들은 이때를 싱귤래리티 시대, 의식기술의 시대, 5차 산업혁명 시대, 뇌 품 파는 시대, 생각으로 일을 처리하는 시대로 표현하고 있다.

누가 누구를 가르치는가

요즘 중학교 2학년만 되어도 선생님에게 거의 질문을 하지 않는다. 자료와 정보를 묻는 말에 선생님도 검색하여 찾아보고 알려준다. 차라리 각자 찾아보도록 스마트폰으로 수업하면 된다. 가르침(teaching)의 개념이 변해가고 있다. 교사(teacher)가 망을 걸러주고 제어해주는 일리미네이터(eliminator), 멘토(mentor), 가이더(guider), 헬퍼(helper), 퍼실리테이터(facilitator) 등으로 역할이 변하는 것이다. 코로나로 인해 '온라인 사이버 실시간 학습'이 보편화되었다. 이 교육 혁명에 빠르게 적응하지 못하는 교사나 부모들은 많은 어려움을 느끼고 있다. 그러나 여러분은 너무나 편리하고 빠른 지식의 실시간 습득에 매우 만족하고 있다. 더 많은 커뮤니티 활동으로 NQ(Network quotient, 네트워크 지수)도 높여야 한다. 두루두루 많이 사귀고 알고 지내면 모두가 여러분의 글로벌 사업 동반자들이 될 것이다.

지구촌의 모든 글로벌 핫이슈들은 바로 여러분의 손안에 있다. 스마트폰으로 순식간에 세상의 모든 자료와 정보를 여러분의 것으로 만들 수 있다. 이제는 여러분이 선생님이다. 학교 밖 사회활동을 해보지 못한 우리의 선생님들이 학교 밖의 사회에 대해 여러분들에게 정확히 알려줄 수는 없다. 인생과 삶의 선배로서 많은 경험과 인성을 배우도록 하자.

아들아, 딸아 아빠보다는 나은 사람이 되어라

꼰대처럼 아재 본성으로 '라떼는 말이야' 식의 기성세대 옛말은 하고 싶지 않다. 너희들은 나보다 훨씬 나은 사람이 될 것으로 믿는다. 뇌가 터질 듯 많은 것들이 순간순간 실시간으로 너의 머릿속으로 들어오겠지만 걱정하지 마라. 다 걸러내는 능력이 있단다. 그 길로 함부로 가서는 안 된다고 글로벌 리더들과 미래학자들이 알려주고 있단다.

아빠와 엄마는 이 세상에서 사라질 때까지 너희들을 한 없이 사랑한단다. 형제, 자매들과 자주 연락하고 사이좋게 살아가면 된단다. 유언처럼 말한다면, 제발 아빠보다 더 나은 사람이 되어라! 너희들 대(代)에서 가난의 대를 끊어주기 바란다. 드라마에서 자주 나오는 대사다. 내 자식으로 태어나 주어서 고맙다.

글로벌 리더 그룹으로 살아보자

코로나로 인해 온라인 글로벌 시대가 정착되어가면서 지구촌 일일생활권 시대가 다가오고 있다. 극초음속 비행기(hypersonic)와 차세대 이동수단인 진공 자기부상열차(hyperloop, 미국 전기차 회사 테슬라모터스와 스페이스X 창업자인 엘론 머스크가 2013년 제안한 캡슐형 초고속 열차시스템)로 하루에 지구촌을 모두 돌아다니며 일을 처리할 수 있게 된다.

바로 '무국경 무한경쟁의 지구촌 1일 생활권 시대'이다. '세상은 이렇게 변하고 있는데 나는?' 대한민국이라는 우물 안을 넘어 지구촌을 보고 우주를 보자. 글로벌 시대 리더 그룹으로 한번 살아보자! 리더란 곧 능력 있는 자를 말한다. 어떤 분야에서든 내가 감당할 수 있는 능력을 갖는다는 것, 21세기는 능력의 시대인 것이다. 그 능력을 바탕으로 상위 10%로 나아가는 것이다. 한번 잘살아 보자.

어떻게 하면 능력을 가질 수 있는가? 바로 노력하는 것이다. 최고의 달인이 되는 것이다. 컴퓨터, 영어, 중국어, 운동 등 모두 어중간한 실력으로는 평범한 인생을 살게 한다. 단 한 번뿐인 인생, 우리는 독기를 품어야 한다. 두 번은 절대 없단다. 아들아, 딸아 서글프지 않으냐? 단 한 번뿐인 우리의 젊은 인생 죽어라 살아보자. 뭐든지 하자. 끝장을 보자. 알바하더라도 대한민국 최고의 슈퍼 아르바이터(독일어, arbieter)가 되어 보자. 대충대충 하면 대충의 인간밖에 되지 못한다.

하루에 지구촌을 모두 돌아다니며 업무를 처리할 수 있다고 했다. 무엇이 가장 중요할까? 언어? 패션? 체력? 그렇다. 바로 체력이다. 더 강한 멘탈인 정신력도 무척 중요하다. 아름다운 강산 대한민국의 수도 서울에서 아침을 먹고, 아시아 최고 부국 싱가포르에서 점심 먹고, 열심히 일하고 나서 야경이 멋진 두바이에서 저녁을 먹으며 친구들과 즐겁게 지낸 후 밤늦게 서울로 돌아와 하루를 마무리한다. 체력이 뒷받침되지 않으면 이 모든 일을 하루에 다 소화해 낼 수 있겠는가?

아무 쓸모 없는 비실이가 될 것인가? 글로벌 시대에는 체력이 최우선이다. 지속해서 운동하여 체력을 키워야 한다. 성장판이 열려있는 중·고등학교 시절에는 뛰어라, 걷지 말고 뛰어다녀라. 남학생은 축구와 농구를, 여학생들은 줄넘기하며 아무 생각 말고 뛰어라! 빠른 걸음으로 걸어도 좋다. 어슬렁어슬렁 걷는 자와는 친구도 하지 마라. 인생도 대충 살아갈 인간들이다.

미래사회변화 메가트렌드 읽는 능력 키우기

메가트렌드(megatrend)란 미래학(futurology)에서 가장 중요하고 많이 사용되는 전문용어(terminology)이다. 이 메가트렌드를 정확히 읽고(reading) 살필 줄 아는(watching) 능력, 즉 미래예측능력(TQ)이 높으면 절대 실패한 삶은 살지 않을 것이다. 그러니 TQ를 높여라! 트렌드 지수를 최대한 끌어올려야 한다. 세상은 빠르게 변해가고 있는데 나는? 대한민국에서만, 우물 안에서 만으로는 안 된다.

미래는 예측할 수 있다. 날씨를 예측하는 것처럼 말이다. 그러나 정확하게 100%는 없다. 그래서 수학 방정식처럼 미래학에서도 미래를 예측하는 방정식이 있다. 미래예측방법론(futures methodologies), 즉 미래를 예측하는 기법, 툴(tool)이 있다. 잘못된 미래정보는 큰 실패를 가져올 수도 있다.

이 미래예측기법을 활용하여 그 결과치를 바탕으로 '미

래진로 설계', '은퇴 노후설계', '기업과 지자체와 국가의 생존전략'을 만들어야 나가야 한다. 이러한 과학적인 방법과 기법을 근거로 하여 그룹 경영과 기업 경영은 필수 조건이라 하겠다.

　그런데 우리나라는 어떠한가? 아직도 많은 기업이 한순간 빵 터져 돈 되는 사업에 안주하고 그것에 매달리고 있다. 그들 나름의 미래예측은 누군가의 역술적인 미래예견에 주목하거나 돈이 되지 않으면 바로 사업을 접기도 한다. 전문성을 갖춘 미래예측 팀이 미래예측기법을 활용하여 미래 생존전략을 만들어 간다면 더 좋은 기업 성장을 이끌어 갈 것이다. 여러분의 미래사업 거리도 마찬가지다. 미래예측능력을 키우면 된다. 미래예측기법을 활용하라! 피해를 줄일 수 있다. 성공할 수 있다. 돈을 벌 수 있다. 많은 글로벌 기업들은 미래예측 팀을 가동하고 있다. 기업경영 중에 발생하는 대부분의 문제을 이 미래예측기법과 툴에 넣어 돌려보고, 예측해보고 그 결과치를 바탕으로 하여 기업의 미래 생존전략을 작성한다. 이 사업이나 이 아이템은 사업화해야 하나, 하지 말아야 하나, 없애야 하나 등의 큰 결정을 할 때 CEO나 오너(owner, 주인)들에게 큰 도움을 주고 있다.

현재까지 많은 분야별 전문가나 석학들인 미래학자들이 42가지의 기법을 개발하였다. 그중에서 매우 중요하고 많이 활용되고 있는 몇 가지를 소개하도록 한다.

미래예측기법 중 많이 사용되는 것들
(Futures Research Methods)

Environmental Scanning System: 환경스캐닝 기법
Futures Wheel: 퓨처스 휠(미래바퀴 기법)
Cross-Impact Analysis: 상호영향분석 기법
Scenarios: 시나리오기법
RT Delphi: 리얼타임 델파이 기법
SOFI (State of the Future Index): 국가미래지수 기법
Participatory Methods: 참여기법(샤레트 시뮬레이션/Charrette Simulation)

놀아보자, 그리고 후회하고 고민하자

고민을 많이 하는 사람이 성공한다. 이상하게 들릴지 모르나 마음이 너무나 느긋한 천하 태평한 사람들은 절대 성공할 수 없다. 게으른 사람은 실패한다는 뜻이다. 이것도 하고 싶고, 저것도 하고 싶고, 하고 싶은 것들이 너무 많아 고민해야 한다. 고민하라. 재미있고 좋아하는 것을 해라. 그중에서도 잘하는 것을 하면 된다. 답은 고민 속에서 찾

을 수 있다. 진정으로 잘할 수 있다는 용기를 갖자. '아, 해볼걸.' 하며 지나고 나서 후회하지 말자.

내 마음처럼 되지 않을 때나 주변에서 방해할 때, 그리고 답답하고 미칠 것 같을 때는 놀아라. 우선 친구들과 함께 놀아라. 실컷 놀아보아라. 어느 날 '이러면 안 되지!' 하고 혹 무언가 나를 다시 일으켜 세우는 것이 보일 것이다. 현타(現+time)는 절대 놓치지 말자.

이때는 다시 돌아보자. 모르고 지나치고 너무 노는 데에만 집중하다 보면 곧 후회하게 된다. 후회는 실패의 시작이다. 반면, 고민과 용기는 성공의 지름길이다. 지독하고 처절한 고민, 냉혹한 현실 고민 끝에 성공은 온다. 고민 많은 사람이 성공하는 것이다.

그래도 답답할 때에는 격한 운동과 명상(meditation) 그리고 한없이 아름다운 강변과 노을을 볼 수 있는 큰 산에 올라보자. 베조스, 일론 머스크, 마윈, 저커버거는 그랬다. 화성에 사람을 머물게 하고 수억짜리 우주여행을 추진했다. 국제우주정거장(ISS, Internation Space Station)으로의 우주여행은 이미 예약이 끝났다. 이상하고 생뚱맞고, 엉뚱해야만 돈을 버는 시대이다. 이 말들은 이제 글로벌 스탠더드(Global Standard)요, 표준어요, 뉴노멀의 보통명사가 되어 있다.

대변혁의 글로벌 시대 상위 10%로 살아보자

상위 10%, 상류층, 리더 그룹을 말한다. 우리도 한번 리더로 살아보자. 돈 한번 벌어보자. 마윈, 일론 머스크, 베조스가 부럽지 않도록 벌어보자. 그리고 번 돈의 일부는 좋은 일에 유용하게 사용하자.

어떻게 하면 돈을 벌 수 있나요? 이 책을 읽고 지금부터 미래를 미리미리 준비하면 좋겠다. 여러분의 20대, 30대를 지금부터 착실하게 게으름 피우지 않고 준비하면 반드시 돈을 벌 수가 있다. 돈 버는 방법 3가지는 이미 앞에서 언급했다. 세계 공용어인 영어, 중국어와 컴퓨팅스를 하면 모든 준비를 할 수가 있다. 물론 여기에 인성 그리고 강한 체력과 정신력이 추가됨은 당연하다.

조급하게 생각할 필요 없다. 여러분은 바로 시간 부자이기 때문이다. 시간을 가지고 천천히 차분하게 체계적, 지속적, 습관적으로 해나간다면 못할 것이 없다. 영어는 하루에 10분을 하더라도 매일 해야 한다는 것이다.

남자라면 대한민국 국민의 신성한 의무 중 하나인 국방의 의무, 군 문제를 최우선으로 해결해야 한다. 코로나 이후 사회 대변혁의 글로벌 시대에 글로벌 기업들이 가장 중요하게 여기는 강한 체력, 정신력을 위해 군대는 꼭 다녀오자.

그리고 취업을 하던, 장사하던 좋은 컨텐츠를 가지게 되면 스타트업을 해도 된다. 그렇게 시작하는 것이다. 21세기 세계적인 갑부 중 처음부터 부모로부터 부를 물려받아 더 키운 금수저들은 없다. 다들 허름한 창고나 차고에서 뚝딱뚝딱 손과 뇌 품을 팔아가며 시작한 것이다. 여러분도 반드시 할 수 있다. 여러분의 미래 삶의 목표를 설정하는데, 이 책을 미래 '삶의 지침서'로 활용하기를 간절히 바란다. 글로벌 리더들의 공통점은 아주 부지런하고 강렬한 열정과 지독한 용기였다. 우리도 한 번 잘살아 보자! 여러분 대에서 가난의 고리를 끊어주기 바란다.

초연결 초융합 초지능 시대

수없이 많이 들어 온 말이다. 4차 산업혁명 시대는 초, 초, 초가 앞에 붙는다. 초연결, 초융합, 초접목 등은 울트라(ultra) 또는 슈퍼(super)의 뜻으로 인간의 힘으로는 어쩔 수 없는 초자연적 힘도 작용한다는 뜻이다. 바로 여러분이 살아가고 있는 그리고 살아가야 할 사회 대변혁 시대의 사회 현상들이다. 역대급 슈퍼맨이 되어야 한다. 능력자가 되어야 한다. 할 수 있다. 페이커 클라스, 도티급, 슈퍼맨, 아이언맨, 어벤져스도 될 수 있다. AI 전성시대는 누구나 재능인 이자 능력자가 될 수 있다.

초연결이란, 지구촌 모든 스마트폰 사용자는 연결되어 있다는 뜻이다. 그리고 우리가 생각하고 있거나 실행에 옮기고 있는 대부분의 컨텐츠와 기술들도 어떻게든 연결되고 또 연결되어야 한다는 것이다. 그래서 공유하고 협업하며 살아가야 하는 시대, '공유협업경제 시대'를 의미한다.

초융합의 의미는 잘 알고 있을 것이다. 하나의 기술과 컨텐츠를 고집하면 망한다는 뜻이다. 다양한 기술과 컨텐츠를 융합하고 접목해야지만 성공하고 돈을 벌 수 있다. 대를 이어온 기술이라고 고집 피우다가는 변화해야 할 시기를 놓쳐 망하게 된다. 누가 얼마나 빠르게 대변화에 맞는, 글로벌 메가트렌드에 맞는 신기술들을 접목하느냐에 성공과 실패가 좌우된다. 쓸데없는 고집을 피우면 안 된다.

우리 시대는 이미 내 것은 없다. 소유의 시대 종말, 천재의 시대 종말이라 했다. 생각나는 즉시 공유해야 한다. 바로 PQ가 높아야 한다. 내일병은 실패의 지름길이다. 생각나는 즉시 실천해야 한다. 바로 지금, 이 책을 읽으면서 생각나는 것들, 해야겠다고 마음먹은 것들 바로바로 메모하고 정리하여 실천에 옮겨야 한다. PQ를 높여야 TQ도 높아진다. TQ가 높아야 성공할 수 있다.

이제는 메이커 시대다

다빈치연구소 소장 토머스 프레이 교수가 말했다. 이제는 메이커시대라고. 팩토리, 즉 공장의 시대는 끝나간다는 의미이다. 내가, 인간이 필요한 대부분의 생필품을 내가 있는 장소에서, 집에서 찍어내서 사용할 수 있는 시대란 뜻이다. 보라, 빌 게이츠가 일론 머스크가 수십조 원 이상의 돈을 번 세계적 갑부들은 바로 뚝딱뚝딱 무엇인가를 메이킹 하면서 자기의 것을 만들어 낸 것이다.

우리 주변에도 사용할 수 있는 메이커 센터가 많다. 각 시·도, 지자체는 물론이고, 서울의 세운상가나 용산전자상가에 가면 아주 넓은 공간을 거의 무료로 사용할 수 있도록 하고 있다. 친구들과 모여서 함께 컨텐츠와 신기술을 공유하여 무엇인가를 만들어 내는 곳이다. 그곳에는 3D프린터는 물론 다양한 공구들이 준비되어 있어 노트북 하나만 들고 다니면 된다.

손과 뇌를 멍 때리게 두지 마라. 항상 움직여야 한다. 항상 사용해야 한다. 용불용설(Theory of Use and Disuse, 用不用說, '생물에는 환경에 대한 적응력이 있어, 자주 사용하는 기관은 발달하고 그렇지 않은 기관은 퇴화한다.'는 학설로 프랑스의 진화론자 J.라마르크가 주장)이다.

설계하고 디자인하여 소재를 선택한 후 3D프린터로 출력하여 사용하면 된다. 점점 속도가 빨라질 것이고, 소재도

저렴한 비용으로 구입할 수 있을 것이다.

설계디자인(모델링, modeling)은 아주 기본적인 컴퓨팅에 속한다. 하자, 해야만 한다. 그것을 플랫폼에 유통하여 돈을 벌어야 한다. 뉴스마트팜의 AI 바이오팜에도 필수적으로 접목되고 있다. 게으르면 폭망한다.

메이커 시대, 세계기후변화상황실 메이커 센터와 서울시 디지털 대장간

혼자서는 살아갈 수가 없다. 미래 세포를 작동시키고 키우자

속세와 동떨어진 깊은 산속 암자와 토굴에서 칩거하며 득도하기 위하여 명상과 기도로 절제된 삶을 살아가고 있는 수도승과 수도자들도 휴대폰을 사용할까? 그렇다. 일부는 사용 중이다. 어떠한 응급상황에 대처하기 위해서는 연락을 취할 디지털 도구가 필요하기 때문이다. 혼자서는 살아갈 수 없다는 말이다. 많은 친구를 사귀어라. 동아리 활동도 두 개 이상 하도록 하자. 즉 NQ(network quotient, 네트워크 지수)를 높여야 한다. 핵인싸가 되어야 한다.

지금 이 모든 것이 잔소리같이 들릴 수도 있겠지만 깨우치면 좋겠다. 돈을 벌게 해주려고 한다. 세상이 얼마나 무섭게 그리고 빠르게 변해가고 있는지를 말해주려고 하는 것이다. 세상은 이렇게 변하고 있는데 나는? 대한민국에서? 우물 안에서? 큰 무대에서 놀아야 한다. 세계 최고의 아이돌 그룹 BTS처럼 지구촌을 무대로 해도 부족하다. 우주를 무대로 하자. 세계적 리더에서 우주적 리더라고 자신을 담금질하며, 되 세기며 살자. 이미 우주개척, 우주개발, 우주여행 등 여러분의 우주시대는 시작되었다. 그래야 돈을 벌 수 있다.

혼자 살아갈 수 없는 사회 대변혁의 글로벌 시대, 지구촌 각국의 친구들과 소통하고 자료정보를 실시간으로 공유하며 글로벌 리더의 꿈을 이루도록 하자. 우리의 미래 세포를 적극 작동시키고 키우며 일의 우선순위를 세워두자. 그렇게 덕력(德力)을 키우도록 하자. 여러분 신인류에게는 코로나 시대가 더할 나위없는 기회로 다가왔다. 이 기회를 절대 놓치지 말아야 한다.

누가 빨리 나누느냐에 승패가 달려있다(공유의 의미)

좋은 아이디어와 훌륭한 컨텐츠를 나 혼자만 알고, 정리하고 보고서를 만들어서 특허를 받아 혼자 벌고 성공해야지! 하는 생각을 조금이라도 한다면 그사이 이미 그 컨텐츠와 아이디어는 누군가 채간다. 빼앗기기 전에 빨리 공유하라는 말이다. 그래야 내 것을 누군가가 가지고 더 나은 무언인가를 만들기 때문이다. 그리고 그 무언가에서 로열티(royalty)를 받아 돈을 벌 수가 있다. 상대방이 함께하자는 제안을 하면 함께하여 글로벌 기업으로 성장 시켜가면 된다.

플랫폼에 올려 좋다고 인정받고 같은 관심사의 응용자들이 경쟁력이 있다고 판단되면 그 컨텐츠는 공유되고 세계 각국 곳곳에서 투자 자금이 들어올 것이다. 그렇게 시작하는 것이다. 물론 그 과정에는 다양한 기업성공 기법들이 필요하다. 우선은 빨리 나누는 것을 명심하자. 이 말은 아주 오래전부터 전해오는 나눔의 기쁨, 봉사의 기쁨과도 일맥상통한다. 1990년대는 '남에게 보탬이 되는 사람'이라고 했다. 현재는 공유의 시대이기 때문에 당연한 일이다. 내 것은 없다. 공유만이 살길이다.

인생 아주 짧다. 훅 간다

아들아, 딸아, 아빠 엄마가 얼마 동안이나 너희 곁에 있을 것 같으냐? 너희들이 1차 철이 들어 기억을 할 수 있는 나이가 된 6, 7세경부터 우리를 기억해서 19세면 우리 곁을 떠난단다. 옆에 두고 싶어도 늙어가는 부모의 잔소리가 귀찮아질 것이다. 물론 능력 없이 부모에게 의지해 살아가는 캥거루족들도 있다. 그들은 결코 성공할 수가 없단다. 일찍 독립하여 홀로 우뚝 서는 것이 좋다. 스스로 주체적으로 행동하고 생각하여 돈을 벌며 살아가는 나만의 힘, 나로 사는 능력인 주체력(主體力)을 키워야 한다. 너희들을 곁에 평생을 두고 싶지만, 너희들의 더 나은 미래인생을 위해 떠나라는 것이다.

그렇게 떠난 너희들은 금세 30세, 40세, 50세가 된다. 이미 부모의 존재는 사라지고 없다. 너희가 또 다른 부모가 되어 있기에.

보고 있지 않으냐. 할아버지, 할머니께서 돌아가시는 모습을. 너희도 그리 머지않은 시간에 자신이 늙어가고 있다는 것을 느끼게 된다. 애플의 창업자인 스티브 잡스(Steve Jobs)처럼 몸과 마음을 돌보지 않고 일에만 열중하다가 병이 들어 건강하게 오랫동안 살지 못하기도 한단다.

인생, 아주 짧단다. 알차고 의미 있게 이름 세자는 남길 수 있도록 살아가자. 후회하는 인생은 살지 말자. 물론 대부분의 사람이 나이 들면 인생을 후회하게 된다. 그것은 더 많이 벌지 못해서, 더 많이 나누지 못해서, 더 많이 감사하지 못해서 그럴 수도 있지만 대부분 욕심을 다 채우지 못해 후회하는 것이다. 한 번 사는 인생, 욕심껏 채워보자. 그리고 많이 나누자. 감사하자. 빨간 불에는 길을 건너지 말고, 부도덕한 짓은 하지 않는다는 철칙을 정하고 살면 정도를 갈 수가 있다. 정정당당하게 살자. 정의롭게 살자. 주변을 살피며 피해를 주지 않고 살아가자.

20대에 100년의 틀을 다져 놓아야 한다

더 나은 인생을 살기 위해서는 학교를 졸업하고 군대 문제를 해결한 후 바로 인생계획을 세우도록 한다. 여러분은

120년, 150년을 살아야 하기에 인생 100년 계획을 세워야 한다. 100년 이상 일을 해야 하기 때문이다.

우리나라 영화 역사상 최고의 찬사를 받은 세계적 명화 '기생충'에서 배우 송강호가 한 말이 있다. '너는 계획이 다 있었구나.' 펭수도 50년, 100년 미래계획을 이야기한다. 여러분은 바로 미래이기 때문이며, 미래뿐이기 때문이다.

'내 인생 100년 계획서' 중에서 20년 계획은 아주 상세히 연별로 작성하여 책상 앞과 문에 붙여두고 매일 바라보며 놓친 것은 없는가, 간과한 것은 없는가, 못한 일은 없는가! 등 매일 체크해야 한다. 그리고 그 20년 계획은 2주일에 한 번씩 수정하고 변경해야 한다. 세상이 너무 급박하게 변해가기 때문이다. 코로나 이후 사회 대변혁 시대의 미래는 시시각각으로 변하고 있다. 하고 싶은 일이 얼마나 많은가, 미래에 하고자 하는 직업과 꿈이 얼마나 많은가. 현재 세계적 유행이 되는 코로나 시대 사회 대변혁을 겪고 있는 지금, 자고 나면 내가 하고자 했던 미래직업들이 변해가고 있으니 미래 직업군을 업데이팅(updating) 해야만 한다.

우리가 살아가고 있는 현생인류에서 AI 디지털화된 트랜스휴먼(transhuman)으로, 인간 그다음은?

다니기만 하여도 세상이 보인다(부모의 역할)

이 책을 직접 구매하여 읽거나, 읽은 후 자녀에게 권하거나, 처음부터 자녀에게만 읽어보라고 권하시는 부모님들께 말씀드린다.

지금 중·고등학교를 다니고 있는 우리 아이들에게 가장 중요한 것이 무엇일까? 이성 문제? 음주 흡연? 싸움질 등의 학교폭력? 자, 이러한 행위들이 우리 부모님들 학창시절에도 있지 않았나요? 아니면 유혹이 있지는 않았나요? 나도 한 번 해볼까 하는 호기심은 생기지 않았나요? 그런데 왜 우리 아이들에게는 무조건 하지 마라, 안 된다, 학생은 공부만 해라, 좋은 대학가야 좋은 직장에 취업할 수 있다. 등 아직도 이렇게 말하고 계시는가요? 물론 미성년자인 우리 아이들이 의사결정 및 미래진로를 설정하기 힘든 나이에 책임 회피성으로 '아이의 의사에 따라서' 라는 위로 섞인 말로 아이에게 책임을 돌리고 있지는 않은지요. 우리 아이들은 그런 말을 이제 더 이상 믿지 않습니다. 싸움도 하고 일탈도 하면서 세상을 배워가는 것이지요. 결국 '이것은 나쁜 짓이다.' 라고 이성적 판단을 할 때가 반드시 옵니다. 너무 큰 걱정은 안 해도 됩니다. 도덕적 뉴노멀의 시대도 다가오고 있습니다.

대학을 나오지 않아도 취업은 되니까요. 글로벌 기업들은 우물 안 개구리인 한국형 천재를 더는 원하지 않습니다. 글로벌 인재를 원합니다. 이런 글로벌 인재로 성장시켜주어야 할 의무가 우리 부모님에게는 어느 정도는 있습니다.

4차 산업혁명 시대 초융합 글로벌 인재가 되기 위해 많이 보여주어야 합니다. 국내외 가리지 않고 여러 곳을 데리고 다니며 강의 교육, 실습, 체험, 견학, 시연할 수 있도록 해 주어야 합니다. 우리나라에도 세계기후변화 상황실(GCCSR)처럼 글로벌 스탠더드 교육하는 곳이 있습니다. 나아가 글로벌 AI 마스터 스쿨(Global AI Master School, GAS)도 곧 설립이 됩니다. 우리 청소년에 대한 부모와 교사의 교육적 의무는 그 시대 상황에 맞는 미래교육을 찾아서 추천하고 권장하는 것입니다.

우리 아이들과 함께하시기 바랍니다. 다니기만 하여도 세상이 보입니다. 세상을 알게 됩니다. 느끼게 됩니다. 초등학교 5~6학년만 넘어서면 스타트업을 하겠다, 학교가 재미가 없다, 학교 가기 싫다 등의 말을 하기 시작합니다. 왜일까요? 코로나 이후의 지금은 5년, 10년 전과는 모든 것이 너무나 변해있기 때문입니다. 사회가 대변혁을 겪고 있습니다.

고등학교 3학년 때까지는 무조건 선생님과 부모님의 말씀에 따라 진로 진학을 결정했던 때와는 완전히 다른 시대의 청소년들입니다. 글로벌 청소년, 신인류들입니다. 하루에 5~10시간가량 사이버 온라인 가상현실 속에서 전 세계친구들과 소통하고 공유하며 살아가는 글로벌 인간들입니다. 대학에 진학하지 않는 학생들도 많으니 진로 진학이란말보다 그냥 미래진로가 맞겠습니다.

현재 부모님의 도덕적 관점에서는 도저히 이해하기 힘든뇌 품 파는 시대의 청소년들입니다. 이해하기 어렵겠지만지금의 우리 아이들은 좋은 책 한 권, 훌륭한 강사의 강의한 번, 귀감이 되는 영화 한 편, 글로벌 리더들의 말 한마디와 바로 부모님과 선생님들의 말로 인해 인생이나 삶의

세계기후변화상황실 기후변화대응 활동가 교육과정 중 드론 촬영

목표 설정, 미래진로 설계를 바꿔 나가는 결정적인 순간입니다. 말 한마디 신중해야 하며, 미래지향적인 말을 해주어야 합니다. 현재만을 살아가는 아이들이 아니라 미래의 인재들이기 때문입니다.

우리 아이들은 5년, 10년 후에 무엇을 하며 살아갈 것인가! 걱정될 것입니다. 우리나라만 보니 그렇습니다. 세상은 아주 넓습니다. 우리 아이들의 무대는 글로벌 시장입니다. 대한민국 우물 안이 아닙니다. 글로벌 인재로 만들어 주어야 합니다. 많은 시간 함께 하고, 데리고 다니며 세상을 보여주세요.

많이 여행하고 사귀고 느껴라

세상을 알고 싶다는 명분으로 저자의 큰아들은 고2 때부터 방학 때마다 알바했는데 이번에도 방학 시작하자마자 동네 대형마트에서 힘든 물건을 나르는 알바를 시작했다. 몸조심하라는 말 외에는 해줄 수 있는 말이 없었다. 나보다 더 많은 것을, 더 일찍이 알고 싶어 하기 때문이다. 어떻게 막을 수가 있는가? 그렇게 세상을 알아가는 것을.

이렇게 빨리 세상을 알아 가는데 20살이 넘어서, 대학에 가서도 많은 경험을 할 수 있으니 지금은 공부나 하라는 말은 그들은 이제는 믿으려 하지 않는다.

괴롭고, 답답하고, 집을 나가고 싶을 때도 있을 것이다. 이때는 떠나라. 마음 맞는 친구와 함께 떠나라. 현실 법적 미성년자이니 부모님의 동의를 얻은 후 방학 때나 주말을 활용해서 떠나라. 교통비와 숙박비도 알바해서 벌어 떠나면 더 좋다. 그리고 세상을 느껴보아라. 그리고 낯선 곳에서 사귄 낯선 친구들과도 교류하며 소통해 보자. 또 다른 세상을 알 수가 있단다. 그리고 약속한 날짜에는 집으로 돌아오도록 하자. 가족들이 걱정하며 여러분을 기다리고 있단다.

여행하며 가슴 깊이 느낀 것들을 글로 남기고 공유하기 바란다. 또 다른 나에게도 이런 세상이 있더라는 것을 알려주어 글로벌 무대로 함께 가는 절친이 되면 좋단다.

하고 싶고 좋아하는 많은 것 중에 잘하는 것을 하자

그래, 하고 싶은 것도 많고, 가보고 싶은 곳도 많고, 막 저질러 보고 싶기도 하고 그렇단다. 그러면 해야지. 단 현행법상 여러분은 아직 미성년자로 성인의 도움을 받아야 한다는 조항이 많단다. 슬프지만 현실이다. 그리고 또 누군가 멘토(mentor)가 되고 누군가의 멘티(mentee)가 되는 것도 글로벌 무대로 나아가는 데 큰 도움이 될 수도 있단다.

10대, 20대에는 시행착오의 시대라고들 한다. 그러나 나는 이 말에 크게 동의하지 않는다. '한번 실수는 병가의 상사다.'라고 하는 데 또한 동의하지 않는다. 다 옛말이다. 지금은 21세기다. 한번 실수로 무너지면 다시 일어나기 힘들 수가 있다. 그렇다고 실패가 두려워 용기를 내어 모험하지 않는다면 글로벌 인간으로 성공할 수 없다. 준비 또 준비, 미리미리 하는 미래준비만이 성공의 길이다. 그러니 아주 철저한 사전 준비가 되어있어야 한다. 5년, 10년 동안 준비를 해야 한다. 능력자가 되어야 한다는 말이다. 그러면 실수를 하지 않고 시행착오 없이 성공할 수 있다. 당연히 수많은 강의 교육, 실습, 체험, 견학, 시연이라는 것들을 해야 한다. 그래도 미래는 대부분 우리의 실수로 만들어진다.

하고 싶은 다양한 미래직업과 꿈을 향해가다 보면, 특히 내가 좋아하는 분야가 있을 것이다. 그 분야를 집중적으로 파고 들어보자. 그러다 보면 그중에서 또 잘하는 것이 나온다. 그것이 여러분을 갑부로 만들어 줄 것이다. 좋아하는 것 중에서 잘하는 것을 해야 한다.

후대가 알아주는 이름 세자면 더 행복하지 않은가

이 말은 죽기 전에 여러분 이름이 유명해진다는 말이다. 글로벌 리더 그룹으로 우뚝 서게 되면 당연히 여러분

이름은 역사에 길이 남을 것이다. 나만의 클래스(class)를 가져보자.

제프 베조스(Jeff Bezos, 아마존 CEO), 빌 게이츠, 스티브 잡스(Steve Jobs, 애플 창업자, 2011년 사망), 마크 저커버그, 일론 머스크, 마윈(馬雲, Ma Yun, Jack Ma, 중국 알리바바 CEO), 시진핑(習近平, Xi Jinping, 중국 국가주석), 이들은 현재 글로벌 리더 그룹이다. 돈과 명예 그리고 권력도 모두 가지고 있다.

권력은 시대에 따라 변해가고 있다. 지금은 거대 글로벌 기업이 최고의 권력이다. 이들을 보자. 어떻게 돈을 벌었고, 어떻게 권력을 가졌는지 그 결과가 중요한 것은 아니다. 결과보다 더 중요한 것이 그 성공의 과정이다. 엄청나고 어마 무시한 어려움을 견디며 게으름 피우지 않고 능력자가 되어 지금의 그 자리에 있는 것이다. 그들은 아직 청년이다. 일하면 언제나 청춘이다. 50조, 100조 원 이상의 갑부들이지만 아직도 다들 아주 바쁘게 하루하루를 살아가고 있다.

우리는 이들을 세상을 확 바꾼 인물로 영원히 기억할 것이다. 4차 산업혁명 시대를 무르익게 만들고, 역조공(逆朝貢)을 실천하며 5차 산업혁명 시대를 열어간 인물들로 오래오래 기억할 것이다.

새로운 것은 없다

내가 만들어서 공유하면 이미 내 것이 아니다. 공유의 시대라 했다. 내 것은 없다 했다. 나는 그냥 로열티만 받는 저작권을 갖는 것이다. 그것을 새로운 것이라 한다.

학생들이여, 인생의 범위이자 삶의 범위를 크고 넓게 잡아보자. 새로운 것을 만들거나 창조하려고 하기보다는 글로벌의 엄청난 자료정보를 집중적으로 입수하고 분석한 후 내 것으로 만들어 보자. 그다음 순발력을 갖고 기술을 스스로 키워내면 좋다. 여러분도 순발력에 집중력과 융합능력을 접목한다면 연예계의 우주 대스타처럼 우주 식민지를 만들겠다는 야심을 이루게 될 것이다.

이 넓은 지구촌 세상을 좁게 보고, 다 내 것인 듯, 다 집어삼킬 수 있다는 마음가짐으로 응한다면 이루지 못할 것이 없다. 새로운 것은 없으니 게으름 피우지 말고 묵묵히 하자. 이루고자 한 바를 실천해 가라. 그것이 여러분 그리고 모든 이의 새로움이다.

세상은 이렇게 변하고 있는데 나는

TQ를 높여야 살아남는다. 너무도 중요하기에 반복해서 언급한다. TQ를 높여라. TQ를 높이기 위해서는 NQ(Network

Quotient, 네트워크 지수), SQ(Survival Quotient, 생존멘탈 지수), PQ(Practice Quotient, 실천실행 지수), CQ(Creative Quotient, 창의 창조 지수), AIQ(AI Quotient, AI 지수) 등을 동시에 올려주어야 한다. 세상은 이렇게 변하고 있는데 나는! 대한민국에서, 우물 안에서!

코로나 시대 사회 대변혁의 글로벌 기업들은 한국형 천재가 아닌 글로벌 인재를 원한다. 글로벌 인재란, SQ 높은 사람, 즉 강한 체력과 멘탈 소유자를 말한다. 또 세계 공용어를 구사해야지만 일을 할 수 있다. 영어, 중국어를 해야만 한다. 대한민국이 세계 1등 국가가 되면 한국어만 해도 된다.

이렇게 능력자가 되고 나면 우리나라 안에서 할 수 있는 일들이 제한적이라는 것을 스스로 깨닫게 된다. 한국의 여자프로골프대회인 KLPGA에 한두 번 우승하고 나면 상금이 더 많고 더욱더 넓은 물이라 할 수 있는 LPGA로 진출하는 경우와 같다.

초초각각으로 변해가고 있는 글로벌 시장, 글로벌 무대, 발 빠른 대처와 준비를 하여 글로벌 리더 그룹으로 나아가야 한다. 여러분의 꿈을 마음껏 펼칠 수 있는 그곳으로!

미국은 총기를 소유하여 무섭기도 하고, 일본은 오래전부터 양국 국민감정이 좋지 않아 가기 싫고, 싱가포르, 핀랜드, 영국, 중국, 인도 등 떠나야 한다. 두려워 마라. 여러분은 코리언이며 코스모폴리탄(cosmopolitan, 세계인)이다. 그 어느 곳에서도 빨리 적응하며 살아갈 수 있는 DNA가 우리 몸속에는 있다. 캥거루족은 절대 홀로 성공할 수 없다. 겁이나 두려움 등은 성공의 방해물일 뿐이다. 오히려 우리나라 국민들보다 더 솔직하고 정의롭게 살아가는 국민들도 많다.

19세기 심사 장소에서 20세기 아재들이 21세기 청년들을 어떻게 심사하고 평가할 수 있단 말인가? 그러니 차라리 나가라. 마음껏 하고 싶은 일들을 펼칠 수 있는 장이 마련된 곳으로 떠나라. 여러분은 글로벌 리더 그룹으로 살아가야 하기 때문이다.

고3, 고생 많았다. 이제는 학생에게 부여되는 규제와 제약, 쓸데없는 비판으로부터 자유로워야 한다. 그래야 글로벌 인재로 우뚝 설 수가 있단다. 이 모든 것에는 성인으로서 받아야 할 제재와 인성이라는 강력한 인생 무기를 발판으로 해야만 한다.

세상 변화를 가장 빨리 받아들이고, 분석하고 미래예측방법론, 미래예측기법, 툴 등을 활용하여 예측하고 그 결과치를 근거로 미래진로 설계를 해야만 실패하지 않는다.

교육 등 몇몇 분야가 글로벌 스탠더드에 좀 뒤처져 있다고 대한민국을 탓하지 말고 세계인으로서 기상을 살려 나가자. 여러분이 새로운 세계 표준을 만들어 가면 되는 것이다. 세계 각국의 정상들이 코로나 방역시스템은 세계 최고라고 칭찬해주고 있다. 한국인이라는 것이 우쭐하지 않는가. 바로 그곳에, 글로벌 플랫폼에 살길이 있다.

세대가 다르잖아요, 시대를 달리 살고 있잖아요, 아빠 엄마가 나의 20~30대를 책임질 거예요? 판사, 의사, 공무원, 교사, 교수, 변호사? 나 나중에 밥 굶으라고요? 부모님들은 알 수가 없단다. 뉴스와 언론매체를 통하여 세상이 바뀌었다고, AI 로봇들이 인간의 일을 대체해 가고 있다고 해도 믿으려 하지 않는다.

코스모폴리탄을 실천하는 세계시민학교 학생들, 저자 특강

세상 변화를 빨리 감지하고 기존에 가졌던 미래직업의 꿈, 바로바로 수정·변경하고 융합하고 접목해 나가야 한다. 물론 최신의 트렌드인 유행만을 따르는 것보다 나 자신의 욕망을 따라 사는 것도 중요하다. 나의 세상으로 많은 사람을 불러 모으는 능력 또한 NQ에서 온다.

나는 중국어 이렇게 연습한다

저자는 우리나라 10대 그룹의 홍콩 중국 지사장으로 홍콩에서 7년 이상을 살았다. 그래서 홍콩을 비롯한 중국의 광동 지역에서 사용하는 광둥어(廣東語, Cantonese)와 1997년 7월 1일, 영국령 홍콩이 중국으로 반환되면서 공공기관, 학교, 뉴스 등에서 중국어, 즉 부퉁화(普通話, Mandarin)를 의무적으로 사용하게 되자 저자도 부퉁화를 독학했다.

그러나 한국으로 귀국 후 몇 년 동안 사용하지 않았더니 곧 잊어버려 져 갔다. 인간은 현실 적응 동물이기에 영어와 한국어로 살아가고 있었다. 세계 1등대국의 언어인 중국어를 다시 해야겠다고 심각하게 느낀 때가 5~6년 전부터다. 1등 대국의 언어는 기본적으로 해야지만 살아남을 수 있겠다는 미래예측이었다.

스마트폰 속에 무료 중국어 앱(어플, application)이 수두룩하다. 그중에서도 체계적이며 우수한 강사의 앱이 있으니 독학하기 바란다. 하루에 절대 10분 이상 하지 마라. 인간의 집중력은 그리 길지가 않다. 특히 우뇌인들은 10분의 집중도 힘들다.

전철 안에서, 버스 안에서, 산책길에서, 잠자기 전에 멍 때리지 말고 10분만 세계 1등 대국의 언어를 배우자. 내가 살기 위해서다. 살아남기 위해서다. 글로벌 인재의 필수 덕목 중 하나이고 능력자의 기본적인 분야이다. 중국어!

세계 1등 대국 중국

인구 1등, 경제 1등, 2025년경에는 군사력에서도 1등 대국 중국, 명실상부하게 세계 최강국으로 우뚝 설 날이 몇 년 남지 않았다고 예측한다. 중국은 19세기 후반까지 세계 1등 대국이었고 상하이는 세계 최대의 도시였다. 다시 1등 대국의 자리를 찾아가는 것뿐이다. 그러나 중국은 여유다. 부통화로 만만(慢慢, mànmàn)이다. 서두를 이유가 없다. 어차피 곧 1등 대국이니까. 중국어를 해야 하는 이유다.

우리나라에 오는 최대 관광객은 당연히 중국계다. 중국 본토, 홍콩, 대만, 싱가포르 등에서 온 중국인들이다. 남대문, 명동, 동대문, 이대 앞, 각 고궁에는 약 60%가 중국계 관광객들이다. 주말 명동에 가보라. 들리는 소리는 부통화요, 알바생들은 부통화로 손님을 끌기 위해 소리를 지른다. 중국어를 못 하면 알바도 못 하는 시대가 왔다. 길거리에 리어카에 양꼬치라도 놓고 팔거나 그곳에서 알바라도 하려면 당연히 부통화를 해야 한다. 중국어의 중요성이다. 중국어를 하면 남들보다 나은 삶을 살 수가 있다.

우리나라는 복 받은 나라다. 1등 대국 중국과 국경을 접히고 있지 않은가! 언어의 유사점, 북방민족으로서의 유전자적 유사점, 2차 세계대전 당시 일본 제국주의자들에게 함께 침략을 당해 다 같이 일본을 견제한다는 유사점, 민족의 영산(靈山, 신성한 산) 백두산(중국에서는 장바이샨이라 부름, 長白山)을 공유하고 있다. 즉 백두대간의 정기를 서로 나누고 있다.

지금의 지린성, 랴오닝성, 헤이룽장성의 만주지역은 언어적 유사성이 아주 많다. 비록 지금은 거의 사라진 만주어(manchurian, 알타이 어족의 만주·퉁구스 어파에 속한 언어. 만주족의 언어이며 청나라 때는 중국의 공용어로 인정되기도 하였는데, 현재는 만주 지역에서도 거의 쓰이지 않는다. 만어(滿語)·청어(淸語)라고도 한다.)가 우리 한글과 유사점이 많았다.

중국의 인구는 약 15억 명에 육박한다. 인구 절벽을 맞이한 세계 각 선진국의 급격한 저출산 초고령화 문제를 비웃는 중국이다. 이제 인구가 국력인 시대가 왔다. 현재 중국은 모든 국가의 유전자 데이터베이스를 구축하고 있다.

코로나가 미국 중심 세계화에서 중국 중심 세계화로의 이동을 가속화하고 있다.

중국, 인도, 아시아의 시대가 왔다

여러분들은 미국과 유럽의 시대로부터 이제 중국과 인도 그리고 아시아의 시대에서 살아가야 한다. 중국어, 인도어(힌디어, 인도는 영어 공용)의 중요성을 다시 확인해 본다.

그리고 우리가 여행하면 일본, 미국, 유럽 등 20세기 선진국 위주로만 생각했던 것이 사실이다. 볼거리도 많고 여행하기 편리하기 때문이다. 요즘 들어 백패커(backpacker)들은 신흥 부국들에 집중하고 있다. 중국, 인도, 베트남, 말레이시아 등이며 이들 나라에는 무한한 성장 잠재력이 숨어 있다. 여행하며, 느끼며, 살펴보며, 사귀며 미래의 나의 시장으로 알아가야만 한다. 그곳에 여러분의 미래가 있기 때문이다. 그곳이 여러분 세대에게는 미래 돈벌이 장터이기 때문이다.

중국은 23개 성(省)과 광시장족, 네이멍구, 닝샤후이족, 시짱(티베트), 신장웨이우얼 등 5개 자치구(自治區), 베이징, 상하이, 충칭, 톈진 등 4개 직할시(直轄市), 마카오 · 홍콩 등 2개 특별행정구(特別行政區)로 구성되어 있다. 1년에 2개의 성을 돌아다닌다 해도 15년이나 걸린다.

저자가 홍콩에서 7년 이상 살면서 중국의 많은 곳을 다녀 보았다. 1990년대 중반에는 물론 교통 문제도 있었으나 가장 큰 문제는 언어 불통의 문제였다. 중국에는 크게 베이징어(北京語), 쑤저우어(蘇州語, 상하이 지역 포함), 광둥어(廣東語, 홍콩지역 포함), 푸젠어(福建語, 푸젠성과 타이완 등의 지역방언)로 나뉜다. 이 가운데 전체인구의 약 70%가 베이징어, 즉 부퉁화, 중국 표준어를 사용하고 있다.

가는 곳마다 같은 중국인들끼리 서로 말이 통하지 않으니 황당하고 신기하고 이상하였다. 결국 표준어인 부퉁화를 하는 중국인을 통역인으로 하여 지역에서 두 번에 걸친 통역 후 겨우 말이 통한 적도 있었다. 이러한 지역들이 1990년대부터 본격적인 개발이 시작되어 현재는 알아볼 수 없는 상전벽해(桑田碧海, 알아보지 못할 정도로 크게 발전함)로 변했다.

중국은 1980년대 중반에 덩샤오핑(鄧小平, Deng Xiaoping)이라는 중국 현대사 최고의 지도자라고 칭송받고 있는 탁월한 리더를 만난다. 개혁개방이라는 정책을 실시하여 광동성 내에 5개 경제특구를 만들어 외국계 기업이나 개인이 자유롭게 진출하여 사업을 할 수 있는 기반을 만들어 주었다. 1980년대 후반부터 시작된 현대화사업은 중국을 다시 세계 1등 대국으로 가는 발판을 만들어준다.

아직도 개발은 계속되고 있다. 우리의 서해안 일대, 중국에서는 황해라 부르는 바닷가의 대도시들, 수출입 물동량을 잘 해결할 수 있는 대형 항만도시 위주로 발전은 무섭게 진행되었다. 동북부지역에서부터 내려와 보자. 단둥, 선양, 다롄, 톈진, 웨하이, 칭다오, 상하이, 항저우, 센젠을 이어 홍콩과 마카오로 연결되는 대도시들이다. 2010년을 전후하여 그 발전의 방향은 중국의 중서부지역으로 향하고 있다.

일제하에 우리나라 임시정부의 이동 경로를 보듯 중국의 경제발전은 동부지역을 완성단계로 만들었고 중부, 즉 우한, 충칭, 시안 등을 지나 서부지역으로 확장되고 있다. 참 넓고 볼거리도 많고 아주 다양한 민족의 나라이다. 그 많은 지역 먹거리를 체험해 보아야 한다. 홍콩을 중심으로 한 광동성의 해산물 요리, 매콤하고 얼얼한 쓰촨 지역의 화끈 요리, 둥베이 3성의 한국 먹거리와 흡사한 알싸한 요리들. 평생을 다니며 먹어도 다 먹어보지 못하고 죽는다고 했다.

바로 여러분들의 무대이다. 이곳에서 살아남고 뿌리를 내려 성공하려면 당연히 중국어를 해야 한다. 무료 통번역 시스템이 잘 발달하여 있는데 굳이 중국어를 해야 하냐는 질문을 많이 한다. 그러나 직접 우리가 입으로 해주어야 한다. 중국은 만년 이상 꽌시(관계, 关系 [guānxi]) 문화가 이어져 오고 있다. 직접 보고 만나고 스킨십을 하며 살아가는 민족성을 가지고 있다.

물론 코로나 시대에 언택트 문화가 정착되고 있다. 그래도 중국의 오랜 꽌시 습성은 쉽게 사라지지 않을 것이다. 하루에 5분, 10분 만이라도 무언가 꾸준히 한다는 의미에서도 중국어를 하면 좋다.

중국에서 성공하면 세계 어느 곳에서도 성공할 수 있다는 말이 있다. 그만큼 중국인들과의 상업적 관계유지는 아주 힘들다고 한다. 중국 광동성에 가서 돈 자랑을 하지 말라고 했다. 허름한 옷차림에 운동화를 신고 다니지만 알고 보면 수백억 원의 자산가들이 수두룩하기 때문이다.

세계 최대 도시 중국 상하이 푸동 일대

우리나라에서는 좀 벌었다 하면 무뇌인이 되어 뉴스에 가끔 등장한다. 우리는 그렇게 살지 말자. 인생 알차게 살도록 하자. 남들이 알아주든 몰라주든 우리의 인생을 주도적으로 살아가면 된다. 돈 벌면 좋은 일에도 꼭 사용하기 바란다. 빌 게이츠, 일론 머스크, 저우룬파(주윤발, 周潤發, 홍콩과 중국의 배우)처럼.

아시아의 시대에서 아프리카의 시대를 살아갈 여러분이다

여러분은 100년 이상 일을 하며 살아가야 하는 수명연장 세대라 했다. 세계 경제는 중국, 인도가 주도적인 성장을 하면서 베트남, 말레이시아, 인도네시아 등 동남아시아의 동반성장도 이루어진다. 곧이어 미래자원의 보고가 될 아프리카까지 넓혀가야 하는 시대를 살아가야 한다.

세계 5위 경제 대국 인도. 저자는 인도 뭄바이에 90년대 초 어느 날 새벽 첫발을 디뎠다. 공항 활주로를 벗어나 공항 안으로 들어오는 순간 나는 뭄바이의 향기에 취해버렸다. 인도의 향, 뭄바이의 향, 아주 독특한 향이 내 코를 매우 즐겁게 해주었다. 더운 지방이라 땀이 많이 나니 땀 냄새를 없애려고 향을 많이 사용한다고 들었지만 이렇게 세상천지가 향냄새로 덮여 있을 줄은 몰랐다. 이곳 인도에 약 14억 명이 살고 있다. 세계에서 두 번째로 큰 시장이다. 또 영어만 해도 사업이 가능한 곳이다.

매력 있지 않은가? 인도인들은 대부분 아리아족(Arian)이다. 우리나라 사람이나 중국인들처럼 몽골계 종족이 아니다. 서남아시아라는 표현으로 범아시아 지역으로 구분은 하지만 순수 아시아인은 아니다. 독특하고 특별하다. 가보고 싶다. 살아보고 싶다. 인도 정부는 2020년 이후부터 한국어를 제2외국어로 채택하였다. 대한민국의 위상을 말해주고 있을 때 세계 2위의 인도 시장을 알아야 돈을 번다.

인도 주변국을 보라. 말레이시아를 비롯하여 약 3억 명의 세계 3위 인구 대국인 인도네시아, 2억 5천만으로 세계 5위의 인구를 보유하고 있는 파키스탄 그리고 스리랑카, 약 1억 명의 베트남, 라오스, 캄보디아, 미얀마, 8천만여 명의 태국 등을 합치면 약 3억 명이 넘는다. 모두 여러분의 잠재적 고객들이다.

슈퍼 아시아의 시대

2019년 11월 우리나라 부산에서 한-아세안(Korea-ASEAN) 정상회의가 열렸다. 한강의 기적을 이룬 대한민국의 발전전략을 메콩강 인근 국가들이 공유하기로 했다. 중국이 4차 산업혁명 시대를 가장 먼저 받아들여 세계 1등 대국으로 부상을 하고 있듯이 인도를 포함한 베트남, 캄보디아, 미얀마, 말레이시아, 인도네시아 등의 동남아시아 국가들은 바로 성숙한 4차 산업혁명 시대의 핵심 분야들을 받아들여 아주 짧은 기간에 아주 빠른 경제성장을 이루고 있다. 코로나로 인해 전 세계가 마이너스 성장을 해도 동남아시아 국가들은 일정 성장을 이루었고 세계 경제 성장을 주도하였다. 4차 산업혁명 시대는 아시아의 시대를 말한다.

완전 아시아의 시대다. 우리의 일터다. 아세안, 그들보다 무엇이든 더 나은 무언가를 갖추어야만 일자리를 가지고 살아갈 수 있다. 정답은 바로 영어, 중국어, 컴퓨팅스이다. 그들의 단순 노동산업 현장의 일자리는 절대 우리에게까지 돌아오지 않는다.

인구가 국력인 시대라 했다. 세계 최고 갑부였던 빌 게이츠가 5년 전에 앞으로 40~50년 동안은 아시아의 시대라고 이미 예측했다. 그 후에는 아프리카의 시대가 온다고 했다. 여러분들은 아프리카의 시대까지 살아가야 하는 세대들이다. 한국뿐만 아니라 글로벌 시장이 여러분의 무대이다.

아프리카! 저자는 북부 아프리카 사하라 사막의 근거지인 리비아에서 1년을 살았다. 한국의 모기업에서 공사했던 '리비아 대수로 공사' 현장에서 통역하며 신기한 경험을 많이 했었다. 책에서만 읽었던 신기루를 보았다. 아스라이 노을이 질 무렵 서쪽을 향해 냅다 달리는데 저 멀리 노을과 함께 내 앞에 펼쳐지는 신기한 사토피아(사막+유토피아, 저자가 지어낸 말)! 차를 세우고 한참을 달려가 보았다. 그렇게 몇 분을 달렸건만 보이는 건 계속해서 모래 산들뿐이었다. 배도 고프고 갈증도 심하여 신기루가 더 간절했던 모양이다.

한 번쯤은 가서 1년 정도는 충분히 살만한 곳이다. 왜냐하면, 2019년 세계 최고 경제성장률을 보인 나라가 바로 리비아이기 때문이다. 물론 인구, 종족, 종교, 음식문화 모두가 다 우리나라와 크게 다르다. 그러나 현지에서 성공하려면 누가 빨리 현지에 잘 적응하느냐에 달려있다. 물론 데이터 중개업 등 통합 플랫폼을 활용한 비대면의 사업 분야도 많다. 아시아를 넘어 아프리카까지 시장 무대를 넓혀서 크게 성공하기 바란다.

그래도 멘탈인가

강한 멘탈(mental)과 인성(personality)은 명상(meditation)과 독서에서 온다고도 한다. 정신력이란 말을 사용한다. SQ 높은 사람을 말한다. 강한 삶의 애착 지수다. 강한 체력과 정신력을 가진 사람, 멘탈이 강한 사람, 독한 사람 등으로 표현한다. 능력자가 되려면 기본적으로 갖추어야 할 덕목 중의 하나가 SQ를 높이는 것이라 했다. '무국경 무한경쟁의 지구촌 일일생활권 시대'를 살아가려면 아주 강한 멘탈이 요구된다. 무르다, 사람이 이렇게 심성(心性, mentality)이 착해서야 되겠나? 한 때는 한없이 착한 사람이 대접받던 시대가 있었다. 그러나 지금은 남에게 어떠한 형태로든 피해를 주지 않는 선에서 독하게 강해질 필요가 있다. 강한 멘탈이 필요하다. 독서 덕후가 되고 명상으로 무장해보자.

정신력으로 운동하는 선수들을 보자. 특히 양궁과 골프와 사격, 물론 다른 종목들도 강한 정신력이 필요하겠으나 이들 종목은 더더욱 강한 멘탈을 요구한다. 그들은 인성교육과 명상교육을 병행함으로써 자신을 강하게 만들어나간다. 웬만한 어려움과 고통쯤은 참아내는 참을성과 웬만한 충격이나 주변의 유혹을 견뎌내는 침착함. 잘하다가 덤벙대다 한 번의 실수로 오랜 기간의 노력이 물거품이 될 수 있다. 차분한 냉철함, 강한 추진력, 신속한 결단력, 빠른 판단력, 이 모두가 강한 멘탈에서 나온다.

하루에 10분 만이라도 조용한 곳에서 명상하자. 아무 생각 하지 말고 그냥 멍한 상태로 있어 보아라. 덧없는 멍 때림과 명상은 다르다. 명상은 바른 자세로 나의 몸과 마음을 곧게 다시 세우는 일이다. 명상은 정신없이 복잡다양한 4차 산업혁명 시대에서 살아남기 위한 최고의 무기이기도 하다.

글로벌 필독서를 읽으면서 나의 최고의 깡인 내공을 쌓

아 인성 갑과 멘탈 갑으로 살아가자. 심장을 담금질하여 강심장으로 거듭나자.

게으르면 폭망한다

21세기에 와서도 딱 맞는 옛말들도 있다. 시작이 반이다. 그렇다. 생각나는 즉시 실천하면 된다. 시작하면서 공유의 힘으로 여러 다양한 기술과 컨텐츠를 융합하고 접목해 가면 된다. 단 하나의 기술에, 하나의 플랫폼에, 하나의 앱의 노예가 되어서는 안 된다. 하나만 너무 좋아하지 마라.

게으르면 망한다고 할머니께서 귀에 딱지가 앉도록 말씀하셨다. 일찍 일어나고 해 있을 때 열심히 발품 팔라고 했다. 그땐 그랬다. 발품만 열심히 팔아도 성공했다. 지금은 아니다. 손품만 팔아도 부족하다. 뇌 품까지 팔아야 하니 힘들다.

잠을 못 자거나 안자니 힘들어서 학교에 가기 싫어지고, 운동도 하기 싫고, 먹기도 싫을 때가 있다. 이럴 때를 위해서 규칙을 정하자. 일단 일어나서 학교에 가고 피곤하면 쉬는 시간을 이용하자. 아주 피곤할 때 낮잠 10분이 밤잠 1시간의 효과를 볼 수 있다. 빨간불이면 가지 않는다는 철칙을 정해 놓듯 여러분 본인을 위해 좋은 것이 없다면 해서는 안 된다. 괜히 했다가 몹쓸 생고생만 하게 된다. 학생이니 한 번은 용서해 주겠다? 아니다. 용서는 없다. 이제만 18세부터 투표권도 있다. 19세는 독립적인 성인으로 나아가는 준비 기간이다.

10대는 10대에 할 일들, 20대는 20대에 할 일들이 있다. 열심히 해보라. 그러나 '나는 반드시 글로벌 리더로 살 것이다!' 라는 나만의 삶의 목표를 항상 상기하여야 한다. 뚜렷한 삶의 목표가 없는 사람은 삶의 목표 설정을 다시 해보자. 목표 없는 삶은 동물에 불과하다. 특히 명상시간에 그 목표를 자꾸 되뇌어야 한다. 그러면 절대 게으름을 피우지는 못할 것이다.

게으름 DNA를 버리자. 기동력, 추진력, 빠릿빠릿한 몸놀림으로 게으름 DNA를 극복할 수 있도록 노력하자. 잔소리로 들려도 하는 수 없다. 부지런하여지자. 아침이든 새벽이든 일어나면 기지개를 크게 켜서 몸을 이완시키고 물로 입안을 깨끗이 헹군 후, 물을 한 잔 마시고 하루를 시작하라. 그리고 끊임없이 손을 움직이자. 보고, 느끼고, 익히기 위해 뇌를 사용하자.

글로벌 기업은 글로벌 인재를 원한다

세상은 글로벌 시대인 하나의 지구촌 시대가 되었다. 그래서 대부분의 기업은 글로벌 기업이라 부른다. 큰 기업집단인 다국적기업들만이 글로벌 기업이 아니다. 요즘은 중소기업들도 엄청난 컨텐츠를 생산하고 있기에 글로벌 기업이다. 심지어 1인 개인 글로벌 기업도 많다.

문제는 그러한 글로벌 기업에서 일하는 사람들이다. 그들을 글로벌 인재라 부른다. 그런데 한국에는 글로벌 인재가 아주 소수이다. 학교에서 '글로벌 마인드(global mind, 세계인 정신)와 글로벌 스탠더드(global standard, 국제 표준) 키우기'를 자주 접해 보지 못해서 그렇다.

글로벌 시장에서 말하는 일반적인 글로벌 시대 3대 인재상은 다음과 같다.

1. 기후환경 녹색 인재(Green Mind)

우리가 살아가고 있는 지구촌의 기후환경 문제에 큰 관심을 가지고 사업을 하라는 뜻이다. 기업의 생존전략이나 우리들 미래진로 설계 등 미래전략을 만들 때 가장 중요하게 반영해야 할 글로벌 제1 메가트렌드가 기후변화이다. 따라서 항상 깨끗하고 청정한 우리의 지구를 지키고 보호하며 지속할 수 있게 하기 위해서 그린 마인드를 가지고 있어야 한다. 그리고 현재, 4차 산업혁명 시대에는 기후 건강산업에 가장 많은 일자리가 있다.

세계적인 글로벌 기업들은 모두 지구촌 기후환경 지키기에 큰 비용을 기꺼이 지불하고 있다. 글로벌 기업으로 성장하기 위해서는 시작부터 임직원들에게 철저한 기후환경의 중요성과 지구촌 지속가능한 발전을 위해서라도 그린마인드 교육과 실천을 의무화하고 있다.

코로나바이러스가 왜 대유행(pandemic, 팬데믹)하게 되었는가? 바로 우리 인간이 파괴한 자연환경 때문이다. 바이러스의 숙주(宿主)들도 생존하기 위해 인간사회로 이동한 것이다. 여기에 인간의 산업 현장에서 배출되는 CO_2를 비롯한 감축 대상인 6대 온실가스로 인한 지구온난화가 가져온 기후변화 때문이다.

2. AI형 사회적 글로벌 인재

인공지능(AI)이 융합되고 접목되지 않은 4차 산업혁명 시대 핵심 분야는 없다. 우리는 세상을 확 바꾸어주고 있는 AI와 공존하며 살아가야 한다. 함께 더불어 살아가는 공동체 의식을 마음 깊이 가지고 지구촌을 하나의 통합 플랫폼으로 만들어주고 있는 AI와 함께해야 한다. AIQ가 높은 인재들의 세상인 4차 산업혁명 시대 초융합 AI형 미래인간 전성시대이다.

3. SNS 배려심 인재

글로벌 시대에 TQ를 높이는 방안 중 하나가 SNS 활용이다. 악플로 인한 폐해가 연일 보도되고 있다. 우리가 말하는 양아치류의 인간은 절대 글로벌 리더로서 살아갈 수가 없다. 멋있는 인생을 향유하는 방법이 많이 있다. 한 번뿐인 인생 멋지게 살자. 남에게 보탬은 안 되더라도 피해는 주지 말자.

우리는 이미 이러한 착한 배려심 DNA를 가지고 있다. 학교에서 안 가르쳐주어도 우리는 알고 있다. 그래서 여러분들은 이미 글로벌 인재이다.

이러한 3가지 덕목을 익히 갖춘 여러분은 글로벌 인재로서의 인성을 가지고 있으니 기술적 3가지 덕목만 갖추면 더할 나위 없겠다. 바로 이것들이다.

1. 강한 체력과 정신력 보유자 : SQ 높은 인재

2. 세계 공용어 구사자 : 영어, 중국어

3. 컴퓨팅스 가능자 : 프로그래머, 플랫포머, 디벨로퍼, 해야만 한다. 그래야만 글로벌 시대 리더 그룹으로 살아갈 수가 있다. 쓸데없는 기술을 배워 자격증을 취득한다고 시간과 돈을 낭비하지 말자. 전문학원에 가면 3~4년 걸려 대학에서 가르치는 컴퓨팅스가 3~6개월이면 끝난다.

글로벌 기업들은 글로벌 시장에서 인정받는 인증서, 즉 확인증(certificate)을 원한다. 그것을 기준으로 사람을 채용, 기용하고 활용한다. 대한민국 자격증은 대한민국 안에서나 통한다. 그래서 글로벌 스쿨이 필요하고 '글로벌 AI 마스터 스쿨(GAS)'이 생겨나고 있다.

한국형 천재는 NO! 한국의 ○○대학 ○○학과를 수석 졸업했다? 화웨이가, 알리바바에서, 스페이스X는 그러한 우물 안형이나 한국형 천재는 채용하지 않는다. 한국의 그 대학? 일론 머스크는 그 대학이 어디 있는지 알지도 못하고 알려고도 하지 않을 것이다. 글로벌 인증서를 원한다. 그래야 바로 일터에 투입할 수 있기 때문이다. 3년 정도는 배워야 일을 좀 알고, 승진도 하고... 등의 말이 통하던 때는 한국의 1980년, 1990년대였다. 참 정이 많은 회사였다. 그런 회사들은 지금 거의 쇠망하였고 신 글로벌 기업들만 살아남아 있다.

[글로벌기업 = 글로벌 언어 사용하는 곳 = 4차 산업혁명 핵심 분야 기업들], 이 방정식을 달성하려면 글로벌 3대 인재상과 3대 기술덕목을 갖추어야 한다. 그래야 만렙(滿Lev.)의 능력자이다.

스펙의 시대는 끝났다. 포트폴리오를 잘 만들어라. 활증의 시대다

우선 영어에 스펙(spec)이라는 말은 없다. 나 자신의 능력을 잘 설명하는 증명서들이라면 스페시피케이션(specification)이 맞다. 이 단어를 줄여서 스펙이라 한다.

스펙, 스펙, 스펙을 쌓아라, 스펙을 키워라. 초등학교 때부터 매일 들어온 말일 것이다. 그 스펙, 자격증들은 이제 대부분 필요 없게 되었다. 대한민국에서 받은 자격증들은 대한민국 안에서나 조금 통할까? 그 자격증들도 대부분 장롱 자격증일 뿐이다. 사용할 데가 별로 없다는 말이다.

글로벌 기업은 글로벌 인증서, 즉 세계적으로 인정받는 확인증을 원한다. 그러나 대한민국의 자격증 남발 기관들은 대부분 20세기에 만들어져서 아직 20세기식의 자격증을 주고 있다. 생각과 마인드가 2000년도에 머물러 뒤처져 있다는 말이다. 물론 코로나 이후 사회 대변혁의 시대에도 필요한 일부 자격증도 있다. AI 독거노인 돌보기, AI 놀이 상대 등이 대표적이다.

돈과 시간을 낭비하지 말고 알바, 시간제 파트타임제, 인턴 등 지금 시작하자. 이것들은 여러분의 경력과 경험으로 인정받는다. 무엇보다 중요한 분야는 봉사활동, 체험활동, 견학 활동, 국제행사 참가, 진행, 안내, 도우미로서의 활동 등이 추가점수로 크게 인정받는다. 저자는 여러분들이 책상에만 앉아서 한국형 천재가 되는 것을 원치 않는다. 이런 식으로 미래를 위해 나를 잘 만들어가고 잘 가꾸어가는 일들을 포트폴리오(portfolio)라 한다. 다양한 활동을 했다는 것을 증명하는 활동증명의 시대(활증의 시대)이다.

> **포트폴리오 쌓는 방법**
> **활증의 시대** : 활동증명서 많이 받기, 봉사, 체험, 견학, 시연, 강의교육, 여행, 온오프라인 국제행사 관련, 인턴, 알바 등 해당 글로벌 기업 요구사항 : 중국어, 영어, 컴퓨팅스 등 준비

한 가지만 계속하면 지겹다. 여러 가지 동시에 하는 멀티 습관을 키우자

옛말에 '한 우물만 파라'는 말이 있다. 그러다 판 한 우물에서 물이 나오지 않으면 어떡하나, 그냥 실의에 빠지고 폐인이 되고 결국 실패한 인생 낙오자가 되기도 한다. 여러 개의 우물을 파다 보면 물이 나오는 곳, 많이 나오는 곳, 안 나오는 곳도 있을 것이다.

많은 경험을 해보라는 것이다. 그리고 지겹다는 생각이 드는 순간 그 일은 이미 실패다. 하면서 점점 더 즐겁고

행복하고 신이 날 때 성공하는 것이다.

하나의 일을 하는 것에 만족해서는 안 된다. 한 손에는 스마트폰을, 귀에는 이어폰을, 눈으로는 모니터를 보며 일하는 모습들은 우리에게 이미 익숙하다. 와! 힘들겠다, 어떻게 저렇게 동시에 여러 가지 일을 할 수 있을까? 하지만 습관이 되면 누구나 할 수 있다. 처음에는 좀 힘이 들겠지만, 시간이 지나고 일에 숙련되면 모두 할 수 있다.

하나에 집착하지 말자. 동시에 여러 가지 일을 할 수 있는 멀티형(multi型) 인간이 되어야 한다. 물론 짧은 시간에 뇌가 지칠 수 있다. 쉴 때는 푹 쉬고 재충전을 하면 또다시 할 수 있다. 우리의 뇌는 아주 많은 것들을 동시에 받아들일 수 있는 능력자다. 손과 뇌 품을 동시에 파는 멀티형 인간이 되자.

적당한 스트레스는 오히려 엔도르핀이다

우리들 뇌 속에는 아편의 주성분인 모르핀(morphine)보다 백배 정도나 강한 마약, 엔도르핀(endorphine)이 있다.

고민, 걱정, 불안, 초조 등이 모두가 병은 아니다. 적당한 스트레스는 우리 뇌에서 통증을 잊게 해주는 엔도르핀과 같은 역할을 한다. 아무런 걱정 없이 너무나 행복한 삶을 지속적해서 살아가는 사람은 없다. 고민거리가 있다고 너무 괴로워하지 말자. 어떻게든 지금보다 더 좋은 방향으로 해결이 되는 것은 분명하다.

청소년기에는 당연히 많은 고민거리가 있다. 물론 시간이 지나서 성인이 되고 내가 이루고자 하는 일들을 하나씩 성취해가면서 스트레스는 줄어든다. 너무 돈 벌기에 집착하다 보면 사소한 잃음에도 속이 아프다. '이거 잃었으니 더 큰 것이 올 거야.'라고 생각하자.

고민거리 없이 마냥 행복해하는 사람들, 대부분 아주 게으른 사람들이다. 욕심이 너무 없는 사람들이다. '그저 감사하며 살 뿐이다.'라고 말하며 속으로는 운다. 대부분 너무 늦은 나이들이다. 새로 시작할 용기는 없고 겁나기 때문이다. 준비한 미래가 없기 때문이다. 삶의 목표가 거의 사라졌기 때문이다. 꿈마저 없고 하루하루를 살아가는 평범쟁이가 되었기 때문이다.

그들이 다 불행하다는 것은 아니다. 여러분들은 청소년이다. 많은 꿈의 소유자여야 한다. 많은 고민의 소유자여야 한다. '나는 왜?'라는 말을 '나니까!'로 바꿔 생각하자. 전부 긍정적으로 생각하라는 말은 잘못된 말이다. 어떻게 그럴 수가 있겠는가! 잃고 나니, 실패하고 나니 억울하고 속이 아프고 너무 괴로운데. 그냥 더 잘 될 거라고 긍정적으로 생각하라고? 노노! 일탈도 해봐라. 안 하던 짓도 해봐라. 그중에 제일은 운동으로 푸는 방법이 최고다. 한 달 정도 명상과 함께 나를 추스르다 보면 또 다른 힘이 나의 몸과 마음을 바로 세워줄 것이다. 그때 벌떡 일어나서 다시 시작하라. 고민 없는 인생은 실패작이자. 영어의 불가능이란 단어 Impossible은 펼쳐 조합해보면 'I m possible, 나는 가능하다.'가 된다.

기후 미래 인문학

인문학의 중요성을 언급하는 사람이 꽤 있다. 그 인문학이란 어떤 분야를 말하는가? 인간이 다루고 고민하는 모든 분야가 인문학이다. 사람의 학문이란 뜻이다. 이과 문과의 구별을 없애야 한다. 이미 대부분 없어졌지만, 아직도 문과 이과를 고집하는 학교와 선생님들이 있다면 자제해야 한다.

십수 년 만에 수십조 원 이상을 벌어들이고, 사회적으로 존경받고 있는 일론 머스크, 베조스, 빌 게이츠, 마크 저크버그, 이들이 인문학과 출신인가? 다들 집의 빈 창고나 누추한 차고 등에서 뚝딱대며 무언가를 만들기 시작하여 글로벌 최고 리더들이 되었다. 한때 기술자라고 폄하 받던 엔지니어들이다.

순수 인문학 분야가 완전히 사라지는 것은 아니다. 인간이 존재하는 한 인문학이라 불렸던 학과들은 통폐합하던지, 어떤 식으로든 존재는 할 것이다. 다만 4차 산업혁명 시대에는 설 자리가 아주 좁다는 것이다. 또한 시간이 지나 몇십 년 후 이런 분야의 새바람이 불 수도 있다. SQ를 높이는데 순수 인문학의 인성이 필요하다.

마찬가지로 기후학과 미래학이 융합된 기후 미래학, 미래의 기후환경변화를 기본적으로 예측해야지만 미래세상 변화를 예측할 수가 있다. 미래학은 기후환경 등 자연환경의 변화를 제1 해결과제로 삼아 미래사회변화를 예측하는 학문의 분야이다. 기후 미래학은 인문학이다.

미래지도자란

미래지도자는 미래 통찰력과 미래예측 능력을 겸비한 중장기 계획 수립자다. 미래 통찰력과 미래예측 능력이란 바로 TQ 높은 사람이다. 트렌드 지수가 얼마나 높은가가 지도자의 측도가 된다. 지도자, 즉 리더는 빠른 판단력과 신속한 결단력, 문제해결 능력과 의사결정 능력이 탁월한 사람이다. 판단장애증도 TQ를 높이면 해결할 수 있다.

TQ를 높여야 살아남는다. 세상은 이렇게 변하고 있는데 나는? 코로나 이후 사회 대변혁의 내용을 빨리 입수·분석하고 예측하여 운용하고 활용할 수 있는 능력자가 리더이다. 여러분들 모두가 글로벌 시대 리더 그룹으로 살아갈 수 있다. 앞에서 언급한 리더의 조건들을 다시 보고 미리미리 미래를 준비하는 10대, 20대, 30대가 되어야 한다. 나도 능력자다. 나도 리더다. 나도 지도자다.

초연결, 초융합, 초지능의 4차 산업혁명 시대

4차 산업혁명 시대는 초(超)능력의 시대다. 더 많은 능력을 갖추어야 한다는 뜻이다. 우리의 능력은 무한하다. 꽉 채우자. 우리의 뇌를 80% 이상 깨끗이 청소하고 새롭게 채우자. 한없는 능력으로 이어진다.

초연결사회(超連結社會, hyper-connected society)는 지구촌 자체가 하나의 거대한 디지털 네트워크로 연결된 통합플랫폼이다. IOT(사물인터넷, Internet of Things), IOE(만물 인터넷, Internet of Everything)로 사회 모든 분야가 서로 융합 접목되어 있다.

초지능사회(超知能社會)는 IOT와 AI, 로봇이 공존하는 미래를 말한다. 언급했다시피 AI가 인간지능을 능가하는 시대가 온다고 말하는 학자들도 있다. 그러나 궁극적으로는 인간적인 너무나 인간적인 문제에 직면하게 되면 즉, 이성과 감성적인 부분에서는 AI는 인간을 이길 수가 없다. AI들은 인간이 통제하고 요구하는 방향으로 발전해 갈 것이다.

코로나 시대 미래의 세상은 AI 덕분에 더욱 편리한 사회에서 살아갈 수 있다. 인간의 일자리를 뺏어간다는 표현은 잘못되었다. 우리 일을 대신에 하고, 인간의 일을 대체해 주어 더 편리하게 살 수 있다. AI, 그들과 함께 하는 분야에 엄청나게 무시무시한 일자리가 있고 지속해서 증가하고 있다.

일반적인 노동은 대부분 AI가 하고, 인간은 그러한 AI를 생산하고 확대하며, 서로 융접목시켜주는 역할을 하게 된다. AI 로봇과 함께 공존하는 사회이다.

10년 이내에 현재 비즈니스는 대부분 재편된다

2030년, 여러분이 20대 중후반이 되는 나이다. 드디어 사회에 등장하여서 하고 싶은 일들을 제대로 해나갈 나이들이다. 그때가 되면 세상은 어떻게 변해 있을까? 사회는 어떻게 달라져 있을까?

1980 ~ 990년대의 10년과 2020~2030년 사이의 10년은 너무나도 다를 것이다. 변화의 속도가 두 배 이상이다. AI와 관련된 특정한 분야는 지금으로서는 예측하기도 힘든 상황으로 변해갈 것이다. 특히 코로나 시대의 세상은 대변혁을 겪고 있다. 이미 세상은 예측하기 힘든 상황으로 우리를 내치고 있다. 어른들은 생소하고 낯선 사회변화인 뉴노멀에 짜증이 날 정도이다.

그리고 현재 존재하고 있는 일, 비즈니스는 어떠한 형태로든 변해있을 것이다. 완전히 사라지는 것도 있겠지만 지금의 생각과는 전혀 다른 모습의 형태가 될 것이다. 모두 변한다는 뜻이다. 끔찍한 말이지만 미리미리 철저한 미래를 위한 대비를 하지 않으면 살아남기 힘들다. 지금의 마음가짐과 생각으로는 안 된다. 빨리 뇌 청소를 해주어야 한다. 누가 빨리 이렇게 급박하게 변해가는 미래사회에 제대로 적응하는가가 삶의 성공과 실패를 좌우한다.

AI와 빅데이터, 사물, 만물 인터넷, 뉴스마트팜, 바이오 헬스케어 등의 4차 산업혁명 시대 핵심 분야들이 완전히 상용화 보편화하면서 우리 삶은 상상하기 힘들 정도로 변할 것이다. 2020년에 이미 AI는 우리 생활 모든 곳에 접목되어 있다. 자연스럽게 우리 삶에 녹아들어 오고 있다. 여러분들이 아무런 생각 없이 사용하고 있는 스마트폰에서부터 손품을 파는 대부분의 기능에 AI가 들어가 있다. 그래서 AI 교육은 유치원부터 시작되고 전국에 AI 고등학교 설립 붐이 불고 있다.

중요한 것은 4차 산업혁명 시대의 핵심 분야들을 따로 떼어놓고 설명하면 안 된다는 것이다. 모든 기술이 융합되고 접목되어 상호보완작용을 해야만 완성되는 기술이기 때문이다. 초융합의 시대이다. 초연결의 시대이다. 초지능의 시대이다. 사라져가고 지고 있는 산업 분야에서 허덕이고 헤매지 말자. 모든 것은 변한다. 그러나 그 변화의 속도를 따라가지 못하면 도태된다. 살아남기 힘들다. 미리미리 여러분의 20대, 30대 준비를 반드시 해야만 한다.

빠른 판단력, 신속한 결단력, 의사결정 능력, 문제해결 능력을 키우자

바로 4차 산업혁명 시대 글로벌 리더가 되기 위한 핵심 덕목들이다. 어떻게 하지?라는 질문에 팀원들의 다양한 컨텐츠와 아이디어를 접목하고 융합시키면 그 답이 나온다. 집단지성(collective intelligence, CI)의 힘이다. 그리고 그 힘은 바로 TQ에서 나온다. 빠른 결정을 하여 때를 놓치지 않는 기업경영을 할 수 있고 글로벌 시장 트렌드를 읽을 수 있는 것이다.

소통하고 공유를 해야만 해결할 수 있다. 혼자서는 안 된다. 누가 빨리 공유하느냐에 따라 그 일의 성패가 결정된다. 공유 협업 경제 시대다. 아무리 좋고 훌륭한 컨텐츠와 아이디어를 가지고 있어도 공유 협업하지 않으면 성공할 수 없다.

빨리 주변에 알려주어라. 플랫폼이나 앱, SNS에 올려서 로얄티를 받아도 글로벌 시장에서 들어오는 수익은 한국 내 중견기업 이상이 될 수도 있다. '이것 팔아서 1,000원을 남겨야지.'가 아니고 '10원만 벌어야지.'라는 생각으로 사업을 하면 성공한다. 누구도 훔쳐 가지 못할 보안과 안전한 기술, 블록체인 기반기술이 도와줄 것이다.

빠른 결정과 판단하기 힘들 때는 집단지성을 활용하라. 지금은 모두가 똑똑한 시대다. 나만 옳고 내 컨텐츠만 좋다는 생각은 큰 실패를 가져올 수 있다.

사회 대변혁의 코로나 시대, 글로벌 기업들은 업종전향 중

1990년대에 와서 컴퓨터와 인터넷으로 3차 산업혁명 시대를 이끌어주며 인류의 삶을 확 바꿔준 최대 글로벌 IT 기업인 마이크로소프트(MS). MS는 현재 컴퓨터와 반도체 산업의 완전 재편이라는 미래예측보고서를 참고하여 AI 로봇 우위 시대를 대비하고 있다. 종이 문화의 소멸에도 대처하고 있다. AI 로봇 사업과 미래에너지사업으로 기업경영의 큰 틀을 바꿔가고 있다.

세계 최대 갑부였던 빌 게이츠의 미래예측능력, TQ는 남다르다. 우리는 그의 미래예측 내용을 깊이 새겨 진로 설계에 꼭 반영해야 한다. 세계 최고 갑부의 말은 들어보는 것이 절대 나쁠 리 없다. 아시아의 시대를 예측했고 신종코로나바이러스 같은 신종질병이 등장하여 인류에 큰 피해를 줄 것으로 예측하였다. 고집 피우며 엉뚱한 분야이자 사라져가는 분야에서 허덕이지 말자. 부탁이다. 앱(application, App.)의 시대에서 AI의 시대로 간다.

국경과 나라의 개념이 희박해지고 있다

자유무역협정(FTA) 등으로 이미 경제국경은 사라져가고 있다. 진정한 글로벌 시대가 정착되어가고 있다. 물건을 만들어 어느 한 나라, 한 지역에서만 팔아서 성공하는 시대는 지났다. 지구촌 곳곳의 글로벌 시장이 당연한 돈벌이 무대가 되는 초연결의 시대이다. 현지에서 또 플랫폼에서 지구촌 모든 생산품을 투명하고 안전하게 거래할 수가 있게 되었다.

블록체인 기반기술(blockchain technology) 중 대표적인 것이 보안성과 안정성이다. 블록에 데이터를 담아 체인 형태로 연결하여 수많은 컴퓨터에 동시에 저장하는 분산형 데이터 저장 기술이다. 공공 거래 장부라고도 부른다. 중앙 집중형 서버에 거래 기록을 보관하지 않고 거래에 참여하는 모든 사용자에게 거래 내용을 보내 주며, 거래 때마다 모든 거래 참여자들이 정보를 공유하고 이를 대조해 데이터 위조나 변조를 할 수 없도록 구조화되어 있다. 지구촌 곳곳을 누벼야 하는 글로벌 시대에 아주 적합한 안전 기반기술이라 하겠다.

여러분의 역량과 능력과 기술을 바탕으로 지구촌 구석구석 일자리를 찾아 나서야 하는 시대다. 우리나라는 이미 세계 각국의 우수 인재들인 'AI형 글로벌 인재'가 한국의 좋은 일자리, 연봉을 많이 주는 일자리를 대부분 장악해버렸다.

우리나라 대학교육이 3차 산업혁명과 사라져가는 산업 분야에서 허덕이고 있을 때 글로벌 선도국가인 선진 각국에서는 대학에서, 특성화고등학교에서 글로벌 스탠더드를 배우고 익혔으며 10여 년 전부터 이미 4차 산업혁명 핵심 분야들을 미래 성공 산업이라고 알려주었고 미리 준비와 대비를 시켜주었다.

국가의 리더를 잘못 선택하면 국민이 힘들고 기업이 글로벌 시장에서 뒤처진다는 말이다. 그러나 다행히도 지금은 그 사실을 잘 알고 있는 리더들이 등장하여 글로벌 무대에서 우뚝 서기 위해 큰 노력을 하고 있다. 대표적으로 한국인임이 자랑스러운 것은 바로 코로나(COVID-19)에 대한 방역능력과 방역기술과 방역시스템이 세계 최고로 인정받고 있다는 사실이다. 고집 피우지 말고 글로벌 기업들이 하는 분야만 열심히 함께하면 성공한다. 글로벌 시대가 완전정착되어가고 있다. '4차 산업혁명 초융합 AI형 글로벌 인재'가 되어야 살아남는다.

멀티플레이어(multiplayer)가 되어야 한다

동시에 여러 가지 일을 할 수 있는 능력을 갖추자 했다. '나는 하나만 해도 머리가 아프다.' 라는 고정관념을 깨면 된다. 인간은 무한 능력을 보유하고 있다. 사용하면 할 수 있고 하다가 보면 습관이 되어, 할 수 있다. 그러나 중독이 되면 절대 안 된다. 그리고 잘 할 수 있는 것을 여러 개 가져야 한다. 다 전공이라 부른다. 다재다능이라 했었다. 모든 곳에 특별한 재주를 발휘할 수는 없지만 모르고 있으면 안 된다. 남들이 하는 것은 다 알고 있어야 한다. 초융합, 초연결된 사회이니 아주 다양한 자료정보를 실시간으로 공유하여 활용하고 운용할 수 있다. 그 운용의 능력이 다 전공이다. 뻔히 보이는 것을 활용하지 못하면 얼마나 속상하겠는가. 이 또한 능력이다.

다문화(multiple cultures, multiculti)라는 단어를 여러분이 태어나기 전부터 본격적으로 사용하기 시작했다. 국제결혼의 증가와 글로벌 시대가 정착되면서 세계 곳곳에서 좋은 일자리 찾아 한국으로 우수 인재들이 몰려들었다. 자연스럽게 다양한 문화가 융합되기 시작했다. 그래서 정부 부처에 다문화가정과도 생겨났고 우리나라로 귀화하는 정치인, 스포츠맨들이 늘어가고 있다. 더 정확히는 DNA가 결합하니 다민족 사회가 맞는 표현이다. 미국, 프랑스, 호주 등의 나라처럼 많은 민족이 혼재하여 함께 살아가는 사회가 되었다. '백의민족, 단일민족 우리나라'가 아닌 지 오래되었다.

다양한 문화를 이해하고 받아들이고 함께하는 글로벌 인재가 되어야 한다. 아시아의 시대를 넘어 아프리카의 시대를 살아가야 할 여러분이다! 다초점(multi focus)의 능력을 갖추자. 사물의 한 곳만 보지 말고 여러 면을 속속들이 보라는 말이다. 나무만 보지 말고 넓디넓은 숲도 보자는 뜻이다. 다양한 느낌의 소유자가 되어야 한다, 감정에 솔직한 인간이 좋다.

다 인턴(multi internship)의 경험을 갖자. 알바 하나 하는 것도 아주 자랑스럽게 여긴다. 두 개 이상하면 어떤가? 피곤해도 더 보람 있을 것이다. 다양한 경험을 하라는 뜻이다. 대형마트에서 짐 나르고, 건설공사장에서 벽돌도 져보는 발품 파는 막노동, 사무실에 앉아 손품과 뇌 품을 파는 알바나 인턴 등 그래야 나중에 내가 하고 싶은 분야, 좋아하고 잘하는 분야를 알게 되고 그 분야에서 성공할 수 있다.

꿈만 꾸지 말고 실천하고 실행하라

꿈이 있으면 그 꿈의 반은 이미 성공이다. 그런데 꿈만 꾸고 있으면 안 된다. 그 꿈을 100% 이상 달성하기 위해 어떠한 능력을 보여야 하는가? 실천이고 실행이다. 생각나는 즉시 실행해야 한다. PQ를 높여야 한다.

자꾸 해보아야 한다. 공장을 짓고 투자를 많이 받아서 직원을 늘려서 일을 크게 벌이는 게 아니다. 아주 작게 시작한다. 1인 기업도 좋다. 컨텐츠가 우수하다면 당연히 지원하고 투자하려는 기업과 사람이 있다. 스타트업은 그렇게 시작하는 것이다.

게으름 피우지 말고 검색하고 또 검색하는 것을 습관화해야 한다. 그래야만 성공 생존의 가장 중요한 요소인 TQ를 높일 수가 있다. 내가 원하고 알고 싶은 것은 즉시 관련 자료와 정보를 검색하여 입수·분석하고 예측하여 정리

하면 반드시 성취할 수 있다. 게임을 하다가도 궁금하거나 더 알고 싶으면 바로바로 찾아서 확인하고 이해하고 내 것을 만들어가야 한다.

궁금함에도 귀찮아서 또 이 게임이나 시청을 멈추고 싶지 않아서 그냥 넘어간다면 절대 더 나은 실력자로 발전할 수가 없다.

콜라보레이션(Collaboration), 혼자보다 둘이 낫다

스타트업이나 어떠한 사업을 하든지 혼자보다는 당연히 둘이 낫다. 둘보다는 셋이 더 나은 것이다. 집단지성을 활용할 수 있다. 그리고 위험도 분산할 수가 있고, 서로의 자료정보를 공유하여 실패확률을 줄일 수 있다. 굳이 사무실을 빌려 한 공간에서 함께 하라는 것이 아니다. 공유사무실을 활용하여 비용을 최소화하고 또 통합 플랫폼에서 화상으로 온라인으로도 충분히 업무를 볼 수 있다. 기업 비즈니스도 어차피 디지털화되고 있다. 분야와 지역이 달라도 공유협업하며 사업을 추진하면 된다.

한 공간에서 둘이 일을 하게 되면 게으름을 일정 방지할 수 있고, 서로 믿고 의지하며 마음 편히 일을 할 수 있다. 혼자 있으면 무언가 항상 불안하고 답답하며 졸리면 자버리고 아무 때나 먹고 쉬고 자신을 다스리기가 쉽지 않다. 둘은 눈치를 좀 보게 되니 마음대로 할 수가 없을 때도 있기 때문이다.

그래서 혼자보다 둘이 낫다. 마음과 뜻을 같이하는 친구나 선후배가 있으면 함께 하는 것이 사업의 효율과 성공 확신을 높여준다.

물론 코로나 시대에 서로 만나서 얼굴 보고 일을 하지 않는 비대면 언택트 문화(untact culture)가 정착되어가고 있다. 당연히 받아들여야 한다. 그룹의 의사결정 도구로 자리매김한 화상회의가 보편화 되었고, 3D로 물건을 확인하고 사는 혼족 문화가 급속히 성장해가고 있는 것도 사실이다. 그러나 이제는 내가 주문한 상품이 부작용이 없도록 어떻게 내 DNA에 맞게 생산되어 투명하게 배달되고 장기간 복용 후 건강 상태까지 책임을 져야 하는 국민건강 최우선 뉴스마트 바이오팜 시대가 왔다. 우리는 하는 수 없이 다양한 경로로 접촉을 할 수밖에 없다.

내가 분양받은 뉴스마트팜의 주말팜에서 생산되고 있는 초미세먼지 방지용 우리 가족 맞춤형 부스를 화상으로 또 스마트폰으로 키울 수는 있으나 최종 단계에서는 방문도 하여 분양받은 우리 가족 부스를 보고 생산품을 수확하여 가져오기도 해야 한다. 이 분야에는 당연히 플랫폼의 노예

라고까지 부르고 있는 우리의 씩씩한 배달 인과 드론 및
생산 담당 AI가 융접목된 일자리가 있다.

경험경제(The Experience Economy: VR 등, 5G 시대) **시대가 왔다**

5G가 상용화 보편화하는 시점을 2022년경으로 예측한다.
앞으로 1~2년은 지나야 한다. 이때는 이미 상용화되어있는
VR(Virtual Reality, 가상현실), AR(Augmented Reality, 증강현실)
MR(Mixed Reality, 혼합현실), XR(Expansion Reality, 확장현실)을 융
접목한 교육이 보편화 될 것이다.

이 시점의 스타트업이나 기업 운영, 경영 방식은 실질적
으로 고객의 경험 데이터를 최대한 활용하는 경험경제 방
식이 많이 도입된다. 경험 데이터는 성별, 나이 등 고객의
단순 정보 수준을 넘어 제품 및 서비스 구매 만족도, 구매
의향 등까지 심층 조사하고 분석한 디지털 정보다. 이를
활용한 제품과 서비스의 개선 극대화로 기업 성장을 이끌
게 된다.

최근 발전해가고 있는 XR은 VR, AR 그리고 두 기술의
다양한 조합 등 가상세계와 현실 세계가 연결된 환경을 의
미한다. XR에 대한 관심은 점점 커지고 있으며, 게임과 엔
터테인먼트 분야 외에도 헬스케어, 교육, 제조, 유통 등 새
로운 응용 분야로 확장되는 추세다.

여러분 중 많은 친구가 가상현실과 실제 현실을 혼돈하며 살아가는 경계인들이 많을 줄 안다. 부모님이나 어르신들이 부른다고 너무 서둘러 가상에서 실제로 돌아오다가 뇌 품 파는 기능의 오류를 겪을 수 있으니 조심해야 한다.

경험경제 시대는 NQ를 높여야 한다. 두루두루 다양한 분야의 많은 친구를 사귀고 나 자신의 네트워크 안에 두도록 해야 한다. 모두가 나의 자산이 된다. 그 사람들의 복잡다양한 경험이 내 사업의 기본이 된다.

VR 게임 몰두 중인 저자

지금은 새로운 컨텐츠를 응용, 융합, 접목하여 사업을 하는 시대이지 새로운 분야를 개척하여 기업을 일구고 키워가는 시대는 아니다. 이미 수백 년간의 수많은 사업으로 일구어놓은 기본적인 기술을 근간으로 하여 나의 새로운 컨텐츠와 아이디어를 그 기술에 합체하면 된다.

그만큼 경험 정보가 돈이 되는 시대이다. 많은 체험활동, 견학, 실습, 시연 학습이 필요하다. 여러분들의 20대는 경험경제 시대이기 때문이다.

코로나 시대는 신인류의 시작

코로나 시대를 살아갈 세대는 바로 신인류라 불리 울 정도로 2019년 이전과는 많이 차별화된 그리고 새로운 인류로 분류될 정도로 파격적이고 파괴적인 사회 대변혁의 시대에 맞춤형인 세대가 될 것이다. 이제는 여러분이 나설 때이다.

이미 우리는 혼족 문화를 겪어오며 언택트의 사회에 접어들었다. 얼핏 듣기에 어른들에게는 또 우뇌 성향의 NQ 높은 사람들에게는 삭막한 사회변화를 걱정하기도 할 것이다. 그러나 시대는 항상 어떠한 큰 인류사적 사건으로 변해가고 있고 인간은 새로운 문화에 적응하여 살아가게 된다.

이러한 엄청난 사회 대변혁의 시대에는 그 변화에 맞는 또 그 변화를 주도해가는 문화와 경제의 범위 안에 빨리 들어가 융화되어 중심축의 역할을 해야지만 살아남을 수가 있다. 우리 부모 세대들이 크게 걱정하지 않아도 여러분들이 교육 혁명에서 비롯한 사회 대변혁을 더욱 실감 나게 느끼고 있을 것이다.

지금까지 많은 미 래강사들이 말해왔던 미래사회변화와 뜨는 직업과 지는 직업들은 크게 수정하여야만 한다. 사라지는 직업들은 그 속도가 더욱더 빨라지고 있다. 상상하지도 예측하지도 못했던 새로운 직업과 직종군들이 등장하여 여러분을 혼란스럽게 하고 있다. 많은 미래학자조차 예측하지 못한 새로운 신인류의 시대로 가고 있다. 그 신인류는 바로 여러분이다. 이러한 불확실하고 대변혁의 시대에는 TQ를 최대한 끌어올려야만 일을 하며 살아남을 수 있다.

더 늦기 전에 AI에 입덕(入德)하자

코로나 시대 사회 대변혁을 이끌어가는 가장 기본적인 요체가 바로 AI이다. 인간이 만든 인공지능이 여러분을 신인류 시대에 동참할 수 있도록 도울 것이다. 이미 수년 전부터 스멀스멀 사회 모든 분야에 녹아들어 온 AI이다. 나도 모르는 사이에 우리는 다양한 AI를 활용하고 있다. 여러분의 40대는 슈퍼 인공지능(super AI)의 시대가 된다.

여러분 신인류는 바로 AI 전성시대를 살아가기에 더욱 절실히 필요하다. 사회과학 인문 분야의 핵심내용이다. AI를 활용한 주문, 생산, 판매, 건강을 책임지는 통합플랫폼에서 플랫포머로서 디벨로퍼의 역할은 여러분들을 성덕(成德)으로 만들어 줄 것이다.

교육이 공짜다

5G 시대가 상용화 보편화하면, 즉 2021년이 지나면 어차피 5G 스마트폰을 들고 '실시간 글로벌 수업'을 해야 한다. 홀로그램처럼 입체적이고 공간혁신인 가상현실 속에서 실시간 글로벌 수업을 해야 하기 때문이다.

2020년까지 삶의 공식처럼 생각해오던 대학졸업장, 취업을 위해서도 일자리를 갖기 위해서도 필요했던 대학졸업장, 이제 이러한 학력 위주의 졸업장 없이도 취업이 된다는 사실이 과거의 등식을 깨고 있는 시점이다. 글로벌 기업에서 원하는 진정한 글로벌 인재들만이 실패하지 않는 시대다. 내가 필요한 대부분의 자료와 정보는 실시간으로 내 핸드폰에서 얻는다. 지금도 그런 현상이 점차 증가하고 있지 않은가? 스마트폰을 가지고 수업을 하게 되니 '네가 직접 찾아보아라!' 하면 된다. 그래도 디지털 마수들에게 유혹당하지 않게끔 잘 걸러주고 추천해주면 쓸데없는 디지털 수렁에서 대부분 건강하게 살아 돌아오게 된다.

또한 무크(MOOC, 온라인 공개 수업, Massive Open Online Course)의 등장이 교육 공짜시대를 앞당겨주었다. MOOC의 사전상 의미는 대규모 사용자를 대상으로 제공하는 온라인 공개 수업이다. 일반적으로 대학 수업을 온라인으로 접속해 코세라(Coursera) 플랫폼에서 동시에 무료로 들을 수 있는 강의를 MOOC라고 표현한다. 코로나 시대는 언택트, 비집합 교육 혁명으로 이미 온라인 화상 강의와 수업이 일반화되어가고 있다.

세계 최고의 신도시에서나 첩첩 산골의 조그만 학교나 마을에서도 최첨단의 신기술들을 실시간으로 접하게 되었다. 글로벌 스탠더드를 알면 글로벌 기업에서 일할 수 있다. 족집게 과외를 받고 한국 최고 명문대학을 나온 한국형 천재는 글로벌 기업에서 원치 않는다. 우물 안 개구리라고 오히려 놀림을 당할 수도 있다. 세상은 이렇게 변하였다. 여러분이 가지고 있는 최신 기기의 스마트폰을 최대한 활용하자. 공짜가 엄청나다.

인생은 미래의 불안하고 불확실한 목표에 도전하는 것이 아닌, 미래를 전략적으로 분석·예측하여 그 가능성에 도전하는 것이다

내가 머무는 장소에는 나를 설득시키고 미래의 확고한 목표 의식을 매일 되새기게 하는 문구를 한두 개 꼭 붙여 놓자.

내 방문, 내 책상, 내 컴퓨터, 내 핸드폰에는 켜자마자 내 글귀, 내 책장에는 꼭 붙여 두어야 한다. 매일 보면서 반성하고 목표를 향해 매진할 힘을 스스로 얻어야 한다. 자신을 담금질해야 한다. 아주 큰 용기와 힘을 줄 것이다.

내가 20대가 되거나 30대가 되었을 때 하고자 하는 일들을 5~10개 정도 선정하여 붙여 두자. 100년 이상 일을 해야 하는데 한두 가지 미래직업만 적어두면 안 된다. 최소한 5개 이상, 10여 개 이상도 좋다. 많을수록 좋다. 그리고 중요한 것은 2주에 한 번씩은 업데이트해야 한다. 미래는 초초각각 변하기 때문이다. 어제의 기술이 오늘 순식간에 쓸모없어지기도 한다. 오늘 내가 하고 싶었던 일들이 5년, 10년 후에는 없어지거나 어떤 형태로든 변형, 변경, 대체되기 때문이다.

ADB(Asian Development Bank, 아시아개발은행) 예측자료로 본 경제와 직업의 큰 변화

2021년이 지나며 인도 경제 규모는 미국, 중국, EU, 인도의 순이다. 2025년경에는 중국이 세계 최대 경제 대국은 물론이고, 경제 규모가 미국경제보다 50% 더 커지고, 2035년경에 중국은 미국의 2배로 커지게 된다고 예측하고 있다.

2019년 2월 영국의 국제 회계법인 프라이스워터하우스쿠퍼스(PwC)가 내놓은 2040년경 세계 경제 규모는 중국, 인도, 미국, EU, 브라질, 인도네시아, 멕시코, 나이지리아, 러시아, 일본, 한국 순으로 예측한다. 물론 경제학을 전공한 다른 미래학자들은 2030년경으로 당겨질 수 있다고 예측하기도 한다. 한국은 세계 10위권을 유지한다고 예측한다. 그러나 변수는 남북관계에 달려있다. 남북경제교류가 예측대로 활발하게 진행이 된다면 일본을 앞지를 수도 있다는 예측이다. 여러분들이 20대 중후반부터 세계 경제 순위는 완전히 바뀐다는 말이다. 이제는 미국과 일본, EU가 아니다. 어떠한 준비를 해야 하겠는가?

인구절벽의 시대를 살아갈 여러분들은 인구가 국력인 시대에 와 있다. 약 14억 명의 인구를 보유한 인도는 세계 공용어 중 하나인 영어가 통용된다. 그러나 우리가 절대

간과해서는 안 될 분야가 있다. 바로 기후변화다. 기후변화로 인하여 인도의 중남부 지역 약 30% 정도가 사막화되거나 건조한 땅으로 변해가고 있다는 사실이다. 2050년이 지나면서 세계 경제 주도권은 다시 동남아로, 아프리카로 넘어가게 된다.

중국 또한 북서부 지역의 빠른 사막화가 가장 큰 이슈이자 문제다. 사막화를 지연시키는 사업 분야에 많은 일자리가 있다. 인공강우 전문가나 기후변화 대응 전문가 등이 대표적인 직업군이 되겠다.

이제는 기후변화에 따른 미래 생존전략이 필수다

지구촌에서 살아가면서 미래사회 변화 중 가장 중요하게 말하는 글로벌 5대 메가트렌드 중 제1 메가트렌드가 기후변화이다. 기후변화에 따라 미래사회 구도와 산업 구도가 전체적으로 변해간다. 그만큼 기후변화의 중요성과 심각성을 반영하여 미래를 예측한다는 것이다. 미래세상 변화에 가장 기본적이고 근본적이며 중요한 요소가 지구촌 기후환경의 변화이다. '코로나 시대 사회 대변혁'을 불러온 신종 코로나바이러스도 결국에는 기후변화로 인해 발생하였다.

따라서 기후변화는 사회 모든 분야 미래전략과 미래계획을 만들 때 또 국가나 기업의 생존전략을 마련할 때도 그리고 여러분들의 '미래진로'를 설계하고 삶의 목표를 설정할 때도 가장 기본적으로 반영을 해야만 한다. 기후변화 내용이 들어가지 않은 어떠한 미래전략도 있을 수가 없다. 기후환경변화의 중요성이다.

또한 기후변화에 따라서 지역 간이나 글로벌 블록 간의 국제통상과 통상체제가 변한다. 지역마다 다른 기후변화 대응·적응 제도가 도입되고 있다. 이러한 제도가 국제통상에 접목되고 있다. 이제는 무역학과가 아닌 국제통상학과가 살아남을 것이며, 무역전문가가 아닌 기후변화를 알아야 하는 '기후통상협상가'가 뜨고 있다.

억만장자의 아이나 극빈층의 아이나 AI 통해 무료 교육 : 교육격차가 해소되고 있다

AI 교수와 교사가 이미 등장하고 있다. 이제 '개천에서 용 안 난다'가 맞는 말이다. 돈 있으면 뭐든 배우고 이룰 수 있다고 한다. 틀린 말이다. 이제는 '스마트폰 있으면 뭐든 할 수 있다.'라는 표현이 맞다. 전 세계 각 대학 저명인사의 훌륭한 강의 강연 인터뷰 토론내용을 어디에서나 듣고 보고 느낄 수 있기 때문이다. 좋은 대학을 가야지만 들었던 강의가 오지의 산골에서도 들을 수 있다.

teacher라는 개념이 사라져가고 있다. 인구절벽이 오고 있다. 중·고등학교가 많이 통폐합되거나 많이 감소하고 있다. 대학의 역할도 특수 전문연구 분야와 지역의 커뮤니티 활동 장소 그리고 사이버 통합대학으로 변해가고 있고 일반적인 20세기 학과들은 많이 사라져가고 있다.

코로나 시대가 본격화되면서 비대면의 언택트 교육 혁명이 MBA를 비롯한 일반대학의 소멸을 앞당기고 있다. 교사의 역할변화뿐 아니라 특수전문 연구 분야와 AI 융접목 분야를 제외한 일반교수직도 사라지는 직업군이다.

사회 생활의 경험이 없는 교사가 학교 밖 세상을 가르칠 수 있는가

고등학교 3학년이면 또 특성화고등학교의 학생들이면 곧 학교 밖 삶을 살아가게 된다. 그런데 학교 밖 생활을 1도 해보지 못한 교사들이 어떻게 사회생활을 말할 수 있는가?

이것이 문제다. 사회생활을 몇 년 이상 해본 사람, 기업체에서 몇 년 이상 일해 본 경력을 교사 채용 시 필수조건으로 하는 방법도 있다. 교육대학교나 사범대학교에서는 90% 인성교육과 교육자의 자세를 배우고, 사회에서 일자리 경력도 갖춘 교사들이면 아주 이상적이다.

코로나 시대 사회 대변혁의 주요 내용 중 하나가 언택트 교육 혁명의 정착이다. 알바나 인턴 등으로 직접 체험, 실습하며 배우지 않아도 다행히 온라인상에서라도 사회생활을 간접적으로 접할 수 있게 되었다. VR, 3D, 4D, 5G 등의 다양한 디지털 기술들을 활용하여 실제처럼 경험해볼 수 있기 때문이다. 우리 학생들에게 사회 대변혁의 미래세상을, 혁명 같은 미래 삶의 변화를 누가 알려주어야 하나?

사회 대변혁의 미래사회에 필요한 주요 리더십은

온라인 글로벌 시대가 완전히 정착되어 가고 있다. 글로벌 시대의 리더 그룹으로 살아가려면 '4차 산업혁명 시대 초융합 AI형 글로벌 인재'가 되어야 한다. 즉 강한 체력과 정신력을 겸비한 세계 공용어 구사자이며, 미래예측능력(TQ)이 높은 사람을 말한다.

그중에서도 리더 그룹에서의 리더가 되려면 필요한 세부조건들이 있다. 바로 비전(Vision)을 항상 제시할 수 있는 사람, 용기(Courage) 있는 사람, 열정과 헌신(Passion and commitment)의 정신 보유자, 소통능력(Communication skills)을 갖춘 자, 청렴과 윤리적 멘토링(Integrity and moral mentoring)을 갖춘 자, 변화를 두려워하지 않는 리더(Being a transformational leader), 일종의 신비주의 리더십(The mysteries of leadership), 자신의 두려움과 불확실성을 인정하는 솔직함 등이 필요하다.

여러분 모두가 글로벌 리더로 살아갈 수 있다. 리더 중에 리더가 될 수 있다. 인성이다. 지금의 여러분 마음속에 옳은 인성을 자리 잡게 하는 방법으로는 동서고금의 훌륭하다는 위인들이나 현존하는 글로벌 리더들의 책을 필독하는 방법이 최선이다. 스티브 잡스, 빌 게이츠, 베조스, 마크 저커버그, 일론 머스크, 마윈, 시진핑 등 글로벌 리더들의 글을 읽어야 한다. 특히 그레타 툰베리(스웨덴어: Greta Thunberg, 2003년 1월 3일생~)는 스웨덴의 환경운동가이다. 2018년 8월, 스웨덴 의회 밖에서 처음으로 청소년 기후 행동을 한 것을 시작으로, 2019년 전 세계적인 기후 관련 동맹휴학 운동을 이끈 인물이다. 2019년에는 타임(The Time)지에 올해의 인물로 선정되었다. 여러분 또래의 또 다른 글로벌 리더를 만날 수 있어서 행복하지 않은가! 리스펙트할 부분이 너무 많다.

돈을 수십조 원 이상 벌고 권력을 갖게 된 결과보다 중요한 리더가 되어가는 그 과정을 보라. 그것도 몇 번씩 읽으면서 자신을 담금질해가야 한다. 나도 할 수 있다!

원격, 재택근무로 한국 부동산 거품이 빠진다

주변의 김 사장님, 이 회장님처럼 나도 아파트 지어서, 건물 지어서, 집 사서, 부동산 사업을 해서 돈 벌어야지 하는 학생들은 그 꿈을 빨리 접기 바란다. 서구 유럽은 십수 년 전부터 그랬고 우리나라도 이제 부동산으로 돈 버는 시대는 끝나가고 있다.

건설산업은 엄청나게 건축한 기존의 건물의 리모델링(remodeling)과 도시재생 사업으로 전환되고 있고, 도시는 4차 산업혁명 시대 핵심 분야들이 융합되고 접목된 뉴스마트 시티화되고 있다. 미래 주거문화 트렌드 또한 변하고 있다. 집이 짐처럼 느껴지고 이동에 부담을 갖게 되는 세대, 어디에서나 펼치면 집이 되는 나노텐트(Nano-tent)에서 숙식할 수 있는 수시이동 세대가 늘어가고 있다. 또한 코로나 시대를 겪으며 더욱 안전하고 잘 보호받는 주거환경을 만들어 갈 것이다.

혼자 살아가는 혼족들도 급속히 늘어가고 있다. 인구의 자연감소로, 인구절벽 시대로 접어들었기에 집은 남아돌 것이다. 소유의 시대가 수명을 다해가고 있다. 소유의 시대에서 접속의 시대로 넘어왔다.

코로나 시대에 비대면의 원격근무와 재택근무가 늘어나면서 도심에 위치한 일반기업들의 사무공간이 지금처럼 넓은 이유가 사라지고 있다. AI 대체 업무의 증가로 근무인원 감축 및 공유사무실의 증가 또한 도심 속에서의 부동산 수요를 줄이고 있다.

특별한 건축물의 디자인은 AI가 아주 **빨리** 그 지역과 소유자, 사용자나 고객들의 성향을 정확히 빅데이터(big data)로 분석하여 완성해준다. 그리고 3D프린터로 출력하여 아주 저렴하게 짓는다. 여러분들은 어떤 분야에서 일해야 돈을 벌고 지속가능한 직업군인지 이제 잘 알 것이다.

집단지성(collective intelligence)으로 해결하자

집단지성이란 한마디로 표현하면 인터넷과 스마트폰으로 무장한 똑똑한 군중(smart mobs)을 말한다. '우리의 집단지성을 모아서 해결해보자.' 라고. 영어로는 'We are smarter than me.' 로 표현하겠다.

여러 명의 컨텐츠를 모으면 똑똑하다는, 천재 한 명 보다 낫다는 뜻이기도 하다. 그리고 집단지성의 결과 집단행동으로 정부 또는 대통령과 직접 소통하게 된다. 그래서 결국 대의민주주의의 소멸과 신직접민주주의의 도래로 이어지고 있다. 정치인들의 축소 소멸을 예측하고 있다. 국민을 대신하여, 지역민을 대신하여 국회에 가서, 의회에 가서 나 대신 일을 잘하여 지역발전과 나라발전을 이끌어 달라고 뽑아준 의원들이 상당수가 사라져간다는 뜻이다. 정치인이 꿈인 학생들은 고려하자. 그리고 AI형 미래 인간들과 상생하는 AI 정치인이 되기 바란다. 한두 사람의 영웅이 세상을 바꾸는 시대는 지나갔다. 여러분 모두가 그곳의 주인이기 때문이다.

세계는 미래와 전쟁 중이다

2030년경이 되면 국가권력은 30% 정도로 약해지고 기업과 개개인의 권력은 80% 정도로 커진다고 많은 미래학자가 예측하고 있다. 그러니 정부 기관이나 지자체나 공공기관에서 일하려는 공무원의 수도 줄어든다는 뜻이다.

우리나라는 2022년 대선과 2024년 총선을 거치면서 과거 선거문화들이 많이 개선될 것이다. 2024년 총선 때부터는 신세대 국회가 등장하고, 정부 법까지 무시하는 신정치 문화혁명이 일어날 것이다. 2030년경이 되면 노조도 쇠퇴해가고, 정당도 사라지기 시작할 것이다. 물론 권력기관으로 자리 잡아 왔던 검찰과 경찰도 쇠퇴해가고 사회복지사(social worker)와 AI들이 그들을 대체하기 시작한다고 예측하고 있다. 경찰은 코로나 시대에 맞는 '검방역형 AI 경찰'로 살아남아야 한다. 바로 여러분들만이 아주 잘할 수 있는 분야이다. AI 변호사, AI 판사가 죄를 지은 인간의 내용을 분석하여 빅데이터로 전 세계 모든 판례를 대입 시켜 시대와 상황과 지역과 그 나라 국민 정서에 맞는 판결을 바로바로 내리게 된다. 일반 법조인들이 점차 사라져가고 있다.

2022년경이 지나면서 교육 차별(divide)이 없어지기 시작한다. 내 능력과 체력, 정신력에 맞는 즉, 글로벌 인재 3대 덕목과 세계 공용어 구사 능력 우선으로 글로벌 기업에서 일자리를 갖게 될 것이다. 사회변화 메가트렌드는 전체적으로 신사회주의 경향을 띠게 된다고 예측하고 있다. 더욱더 중요해진 미래예측능력, TQ를 높여야 살아남는다.

세계는 물 전쟁 중이다

동북아의 내몽골, 외몽골 사막의 빠른 동진화와 세계적 건조화 현상으로 우리나라가 2005년 미국의 국제인구 행동연구소(PAI, Population Action International)로부터 물 부족 국가로 편입되어있다. 2030년경 우리나라가 물 수입 국가로 전락한다면 지금은 믿을 수가 없을 것이다. 물값이 바로 현재의 기름값 이상으로 인상될 것이다.

물 산업은 인간에게 필요한 미래 생명 산업이다. 그래서 물 산업은 국가 기간산업으로 성장하게 된다. 담수화 사업과 지하 물 보관 저장고 건설, 건강하고 질 좋은 물 공급 관리사업 등이 앞으로 주목받을 것이다,

심지어 물 부족결과 물 확보를 위한 전쟁 위기까지 예측한다. 물 전문가들과 제6대 유엔사무총장을 역임한 이집트의 부트로스 부트로스 갈리(Boutros Boutros Ghali, 1992.1.1 ~

1996.12.3. 재임) 때부터 이미 물 전쟁을 경고해 왔다. 물 산업 분야가 크게 뜨고 있으니 여러분의 관심 분야로 입력해 두기 바란다.

농사는 농촌이 아니라 도시에서 짓는다

저자는 AI형 6차 산업인 뉴스마트팜 시대를 '신농업 혁명'이라 부른다. 미래 생명 산업, 바이오팜(bio-farm), 인간에게 없어서는 안 되는 산업, 바로 미래 식량, 식품, 물 산업과 헬스케어(건강)산업 그리고 미래에너지산업이다. 이것들 없이 인간은 존재할 수가 없다. 그래서 생명 산업이다. 미래 식량 식품산업과 물 산업은 2030년 전에 국가 기간산업으로 자리 잡을 것이다. '농사하면 농촌과 시골에서가 아니라 이제는 도시에서 짓는다.'라고 그 생각의 틀을 바꾸어야 한다. 도시의 빈 건물들이 남아돌아 갈 것이다. 예로 대학이 점차 사라져가고 있다. 1996년 대학 진학률이 91%였다. 20년이 지난 2016년 대학 진학률은 60%대로 추락했다. 2030년경에는 대학 진학률은 20%대로 추락할 것이다. 이 말은 대학은 특수 전문연구 분야 종사자들이 연구하고 공부하는 곳으로 그리고 각 해당 지역의 커뮤니티 활동 장소로 바뀌고 있다는 뜻이다. 3년, 4년 시간과 돈 낭비를 하면서 한두 가지 배우려 하지 않는다. 전문학원에 가면 3~6개월

이면 마스터할 수 있기 때문이다.

그래서 잘 지어놓은 이 대학 건물들에서도 농사를 짓는다. 위로 올라가며 농사짓는다고 하여 수직농장이라고도 한다. 폭우, 폭설에 전혀 영향을 받지 않는 기후변화 대응 신농법이다. 시골에, 고향에서 땅 부자라고 자랑해봐야 그 누구도 알아주지 않는다. 그 농촌 땅에서는 미래생명 사업 중의 하나인 에너지를 생산하면 된다. 미래에너지는 솔라에너지와 미세조류에너지를 말한다.

좀 더 자세한 미래 신농업 분야는 뉴스마트팜, 미래에너지, 미세조류 파트를 참고해주기 바란다. 반복하여 언급하지만 중요한 것은 농업이 이제는 블록체인 기반기술과 바이오헬스케어가 접목된 AI형 6차 산업이라는 사실이다. 엄청난 일자리와 사업거리, 먹을거리가 우리를 기다리고 있다.

AI형 미래인간에 대비하자

미래인간은 AI 장착 초융합 글로벌 인간을 말한다. '4차 산업혁명 초융합 AI형 글로벌 인재'가 성공한다고 했다. AI의 중요성은 많은 분야의 직업군에서 살펴보았다. 사회 모든 분야에 깊숙이 파고들어 온 AI, 인간이 만든 인공지능, 기술적인 면에서는 인간보다 똑똑해지고 있다.

어떠한 분야에서 일자리를 얻어 일하더라도 AI가 융접목되어 있으니 그들을 'AI형 미래인간'이라 부른다. AI를 다루고 AI를 생산하고 응용까지 해야 하는 인간. 그들이 바로 미래인간이다.

컴퓨터와 스마트폰이 미세 칩(chip)화되어 우리 몸속으로 들어오고 있다. 이 칩이 우리 인간의 뇌로 들어간다면? 기계 인간? 로봇? 아이언맨 속의 AI 파트너이자 AI 비서인 자비스(Jobis)가 알려주는 빅데이터 인간? 모두 가능한 이야기다. 일할 분야가 아주 많지 않은가? 실제 주인공이 바로 테슬라의 일론 머스크이다.

Google도 우리 몸에 터치 패드를 문신처럼 장착하는 웨어러블 기술에 막대한 투자를 하고 있다. 혼합현실 안경, 가상현실 컨트롤러와 뉴스마트 워치도 포함된다. 다양한 패션 감각을 살린 빅데이터 기반의 AI를 문신으로 장착한 인간은 급격히 증가할 것이다. 이들 컴퓨터 칩은 인간 뉴런에 의해 구동된다. 우리 인간이 트랜스 휴먼으로 변해가고 있다.

일론 머스크(Elon Musk)

그는 미국 페이팔의 전신인 X.com 창업자이자 전기자동차 테슬라(Tesla)의 CEO, 로켓 제조회사 겸 민간 우주기업인

스패이스X의 CEO, 솔라시티 회장, OpenAI 공동회장이다. 특히 그는 인공지능에 대적하기 위해 인간의 뇌와 컴퓨터의 무선연결기술 회사인 뉴럴링크(Neuralink, 2016, 본사 샌프란시스코) 회장이기도 하다.

남아프리카공화국에서 태어난 그는 12세에 이미 프로그래밍 언어를 배웠고 게임도 만들어 팔고 하였다. 생뚱맞고 이상하고 엉뚱하여 왕따도 당했으나 지금은 세계적 갑부가 되어 있다.

그는 톰 퍼터스(Tom Perters)의 혁신경영에서 언급한 창조적 파괴자라고 부르는 최고파괴대표(CDO, Chief Destruction Officer)이기도 하다. 글로벌 기업의 관리자나 최고경영자는 더 이상 조직보호자로 기업 개선자로 또 점진적 발전주의자가 아닌 경영환경 파괴자가 되어야 살아남을 수 있다. 파괴란 멋지지 않은가? 21세기는 파괴적 개혁이 글로벌 기업으로 성공하는 데 아주 중요한 사항이 되었다. 그는 '현 인류의 가장 큰 위협이 AI가 될 것이다.' 라고 하였다.

청년들이 행복한 땅

청년하면 10대 후반부터 20대는 물론 30대, 40대도 포함이 된다. 그들이 미래생명 산업인 AI형 6차 산업 바이오산업에 전념하고 수익을 올리며 행복하게 살아갈 수 있는 청정한 땅은 없을까?

여러분 청년들은 따분하고 반복적으로 대를 이어오는 과거형 농사는 더 이상 원치 않을 것이다. 재미나며 수익도 많이 올리는 미래 신농업을 원한다. 내가 일하는 곳이 미래 바이오팜이자 신농업 6차 산업의 메카가 되기를 희망한다.

그들에게 교육 강의에 의한 미래 신농법과 기후변화 대응 신기술을 알려주어야 한다. 그다음 그 기술을 바탕으로 스타트업할 수 있도록 적극적으로 지원해 주어야 한다. 창업한 후에는 그들이 생산한 다양한 농산품들을 유통할 수 있도록 통합 플랫폼으로 판로까지 연결해 주어야 한다. 그다음이 가장 중요한 부분인데 바로 놀이문화의 장을 마련해 주어야 한다. 친구와 가족들과 함께 재미나게 놀고 즐길 수 있는 공간이 절대 필요하다.

AI 기반의 6차 산업 바이오팜 생산 현장과 놀이문화 공간, 정주시설로 주거단지와 병원과 학교가 들어온 글로벌 AI형 초융합 뉴스마트팜이 현재 진행 중이다.

이러한 4가지 필수조건을 충족시켜주지 않으면 청년들은 절대 귀농 귀촌하지 않는다. 농촌으로 내려와 자금지원을 받으면 일정 기간 기술연마와 노력을 해본 후 지속적인 지원 부족과 지자체들과의 유기적인 협업이 되지 않으면 다시 도시로 떠나가게 된다. AI, 바이오 헬스케어, 데이터플랫폼사업, IoT, IOE, 3D, 드론 융합산업, 블록체인 기반기술, 글로벌 스쿨이 함께 들어온 '스마트 헬스타운'이 되어야 대를 이어 살게 된다. 여러분들이 원하는 일터이기도 하다.

블록체인 AI 테크센터, 디벨로퍼 교육, 세계기후변화상황실

코로나가 가져온 교육 혁명 – 교사의 역할 변화와 직업의 축소

코로나가 교육 혁명을 가져왔다. 화상 수업으로 실시간 온라인사이버 수업이 정착되어가고 있다. 실시간 수업(Just in time learning)이 되지 않던 우리 학생들에게 초초각각 변하고 있는 자유로운 실시간 학습권을 보장해야 하는 시대가 되었다.

온라인 비대면 수업에 참여한 학생들과 선생님이 함께 검색하고 토론하고 소통하는 수업이다. 선생님들은 실시간 토론의 중재와 판단력, 결단력, 문제해결 능력을 도와주면 된다.

교사는 우리 인생의 선배로서 인생 상담과 이성문제 상담 그리고 인성교육의 스승으로서 역할을 가장 중요하게 해야 한다. 4차 산업혁명 시대에 너무 많은 정보의 홍수 속에서 살아가게 되는 우리 학생들이 건강하고 필요한 자료와 정보와 지식을 얻도록 가르쳐 주어야 한다.

미래교육 메가트렌드

미래교육의 기본은 인성이다. 그다음은 강의 교육, 실습, 체험, 견학, 시연이다. 본인이 직접 참여하여 경험해보는 교육이다. 그리고 글로벌 스탠더드(Global Standard, 국제표준)를 따르는 '글로벌 스쿨'이 보편화한다. 글로벌 시대가 정착되어가니 당연히 글로벌 스쿨화하여야 한다.

우리가 아시아 최고 부국인 싱가포르나 핀란드, 영국보다 더 나은 디지털기술 강국으로서 글로벌 교육 혁명에 앞장서는 나라가 되기를 바라본다. 왜 10년, 20년 전 교육을 겉모양만 조금 바꾸고 또 말로만 새롭고 개혁적인 교육방식의 도입이라고 하면서 과거 교육의 틀을 벗어나지 않으려는가? 우리 학생들은 불행하게도 글로벌 스탠더드에 자꾸 뒤지고 있다. 시대를 역행하는 교육은 교육적 범죄행위라 하겠다. 코로나가 교육 혁명을 모셔왔다.

그래서 홈스쿨링(home-schooling)이 늘어나고 국제기구에서 진행하는 글로벌 스쿨로 학생들이 모여들고 있다. '학교 가서 싸움질하고 잠만 자다 돌아올 바에 아예 가지 말아라.'라는 30~40대 부모님들, 그들은 사회 대변혁을 받아들이지 않고 신인류로 학생들을 대하지 않는 20세기형 교사를 이해하지 못한다. 다양한 커뮤니티와 디지털 활동으로 4차 산업혁명 지식을 충전하고 익혀서 우리 학생들에게 전달해 주려고 애쓰고 있는 교사들이 살아남는다.

teaching의 종말 예고하는 미래교육 메가트렌드, 알바로 곤잘레스

교사들이여 피곤하고 힘들더라도 교육대학과 사범대학에서 배우지 못했다는 핑계는 이제 그만하고 공부하라! 평생 의무교육 시대라고 말하면서 교사 여러분은 왜 공부하지 않는가? 21세기 아이들에게 무슨 지식을 전달해 줄 수 있겠는가? 우리 학생들이 그대 교사들보다 더 똑똑해지고 있다는 사실을 빨리 인정하자. 그래서 질문을 하지 않는 것이다. 답이 스마트폰에 다 있는 것을! 교사 여러분들은 어떻게 해야 살아남겠는가?

실시간 온라인 적시학습시대(Just in Time Learning)를 역행하는 교사와 교수는 도태된다. 19세기 교실에서 20세기 생각의 교사가 어떻게 21세기 학생을 가르치고 상대할 수 있겠는가! 교사도 배워야 한다. 평생 의무교육의 시대이다. teacher도 learner이다.

AI(인공지능)가 인간지능을 능가할까

Beyond AI 저자인 스토스 홀(Storrs Hall)은 2030년을 전후하여 AI가 인간지능을 능가할 것이라고 예측하고 있다. 인간은 몸에 컴퓨터 칩을 장착한 트랜스 휴먼으로 변해가고 있다. 그 칩이 인간의 뇌로 들어가면 하이퍼 휴먼(Hyper Human), 또는 포스트 휴먼(Post Human, 현존인간 다음인간)으로 변화와 진화를 하게 된다.

2020년이 지나며 AI는 인간처럼 지식생산에 참여하고, 감성(EQ)을 가진 로봇이 등장하여 재정과 교육, 건강과 정치적 결단 등을 할 때 인간보다 더 정확한 정보분석 능력을 보유하게 된다. 그래서 'AI의 시대가 왔다.'고 한다. 싱귤래리티 시대, 의식기술의 시대, 생각으로 일을 처리하는 시대로 가고 있다. '에디슨의 후예는 AI 대가'이다.

코로나 시대가 교육시스템을 바꿨다

4차 산업혁명 시대 핵심 분야가 인문학으로 자리 잡는다. 따라서 교육내용이 달라지고 교육의 전달방식도 달라진다. NBASR이 학생과 교사들의 능력을 변화시키고 그 변화의 속도는 아주 빠르게 진행될 것이다. 단 그 변화를 받아들이지 않는 교사나 교수는 당연히 도태되어 간다.

NBASR(Nono+Bio+AI+Singularity+Robotics) 융복합 시대라 부른다. 이미 AI 교사가 등장했고, AI형 미래인간에게는 AI형 교육이 보편적일 수밖에 없다. 그래서 지금의 교육시스템은 대부분 변하게 된다.

혼자 공부하는 시대는 사라지고, 집단지성이 강화되어 다자간 및 팀별로 생각하고 토론하는 사이버 온라인 실시간 학습이 보편화한다. 비대면 화상 수업, 교실에서 손들며 눈치 보지 않고 화상에서 수많은 다수와 거리낌 없이 소통할 수가 있다. 당연히 미래를 예측하며 학습을 하게 된다. 우리는 미래형 인간이기 때문이다. 우리 앞에는 미래가 있을 뿐이다. 과거는 지나가고 현재는 미래의 밑거름일 뿐이다.

해커톤(hackathon, hacking+marathon)식 강의가 확대될 것이다. 온·오프라인에서 주어진 시간 내에 교사, 외부 강사, 전문가, 학생 등이 참여하여 팀을 만들어야 한다. 우리 학생들은 이제는 학교 밖 세상을 모르는 선생님들에게 학교 밖 세상을 배우려 하지 않는다. 팀을 구성해 쉼 없이 아이디어를 도출하고, 이를 토대로 우리들의 미래진로 설계, 삶의 목표 설정, 또는 스타트업이나 학교 기업 등 비즈니스 모델을 완성해 가야 한다. 초등학교 5학년이 넘어가면 스타트업을 하고 싶어 한다.

현재의 교육제도가 글로벌 스쿨화 되지 않고 글로벌 스탠더드를 따라가지 못하면 우리나라의 공교육은 무너지게 된다.

여러분 청소년들은 아무런 걱정 없이 행복할 권리가 있다

행복은 무언가를 쟁취하고 성취했을 때 느끼는 기쁨과 즐거움 그리고 고마움이라 생각한다. 무엇인가 하던 일을 끝내고 나면 뿌듯하고 행복하다. 소소한 것에서도 행복을 느낄 수 있다.

해야지, 해야지 하며 몇 날 며칠을 고민하다가 처리한 청소, 머리 정리, 책 정리, 일기 쓰기, 사우나 가서 스스로 때 밀기, 삐친 이성 친구에게 먼저 연락하기, 선생님께 연락하기, 할머니, 할아버지에게 전화드리기, 가족과 함께 밥 먹기 등 마음속의 숙제를 해냈을 때 우리는 행복하다. 알바 사장님께 칭찬받았을 때, 먹고 싶은 것을 먹었을 때 우리는 또 행복하다.

여러분들이 느낄 수 있는 최대 행복이란, 성취하는 것이다. 꿈을 이루기 위한 첫걸음을 시작하는 것이다. 하루하루 이루어지고 점점 나아지는 자신의 모습에서 행복을 느낀다. 영어 단어 5개, 중국어 어휘 2개가 여러분을 기쁘게 해줄 것이다. 행복은 대단하거나 멀리 있지 않다. 그렇게 행복하면 된다. 행복은 우리가 누릴 권리이기 때문이다.

순간 집중력이 승패를 가른다

실패의 첫 번째 조건이 게으름이라 했다. 두 번째는 미적대는 것이다. 즉 결정 장애증인데 빠른 판단력, 결단력, 의사결정 능력의 부족이다. 친구가 간다고 따라가지 마라. 나에게는 맞지 않는 세상일 수가 있다.

성공의 조건 중 하나가 순간 집중력이다. 멀티플레이로서 다양한 일들을 동시에 처리하다가도 하나하나에 순간적으로 집중하여 처리할 때 문제는 해결된다. 길지 않은 고민 끝에 오는 아주 짜릿한 성취의 쾌감을 느낄 것이다.

TV를 보며 글을 읽고 스마트폰을 만지며 뭘 먹더라도 하나에 순간 집중하자. 성공할 수 있다.

글로벌 인재의 기본인 컴퓨팅스(computings)

프로그래머(programmer), 플랫포머(platformmer), 디벨로퍼(developer)와 크리에이터(creator)를 말한다. 글로벌 시대에 글로벌 인재가 되는 3대 기술능력 덕목 분야이다. SQ를 높이자. 세계 공용어를 하자. 컴퓨팅스를 하자. 이 세 가지 모두 능력자가 된다면 글로벌 리더 그룹으로 살아가는 것이다.

AI를 관리하고 제어할 수 있는 분야에 대부분 우리 인간의 미래직업이 있다. 결국에는 AI형 미래인간 만이 생존한다는 뜻이다. 이미 사회 각 분야에 깊숙이 들어와 인간과 공존하기 시작한 AI 로봇들. 인간이 하는 엄청난 일들을 대신에 해주기 시작했다. 이성 간에 행해지는 일을 대신해주는 이성친 구 로봇과 의료데이터 인식 로봇, 2016년부터 일본의 소프트뱅크에서 운용하고 있는 페퍼(Pepper) 비서 로봇 등 모두 AI다.

프로그래밍, 즉 컴퓨터 언어를 읽어서 해당 분야에 적합한 기반기술을 개발하고 플랫폼화하여 돈을 버는 것이다. 프로그래머가 되어야 AI 전문가로서 일을 할 수 있다.

중국은 이미 교육실험 위주의 AI 교과서를 만들어 교육을 진행하고 있다. 유치원부터 직업학교 교육까지 총 33권의 교과서를 만든 중국은 유치원 때부터 AI에 대한 흥미와 호기심을 유발하는 교육을 시작해 초등과정과 중등과정, 고등과정, 직업학교까지 반복적이고 심층적인 AI 교육 커리큘럼을 밟아 AI 역량을 강화하고 있다.

유치원에서 AI 경험을 통해 자연스럽게 인간과 기계의 상호작용을 경험하고, 초등학교 때부터 알고리즘 사고 교육을 기반으로 AI의 활용과 제작 및 확장에 이르기까지 전반적인 교육을 받는다. 중학교와 고등학교에서는 손쉽게 배우고 활용할 수 있는 파이선 프로그래밍 언어(python programming language)와 오픈 소스(open source) 마더보드(mainboard 또는 motherboard) 활용프로그래밍 언어를 배운다. 그리고 변형 로봇, 스마트폰 앱 등을 이용해 이를 적용하는 분야를 확대하는 데 집중하고 있다. 우리도 AI 특성화 학교를 설립하고 있다. 초·중학교 학생들에게는 반가운 소식이다.

아, 나는 이공계에는 영 관심도 없고 취향에 맞지도 않고 학원에 몇 달을 다녀도 도대체 무슨 뜻인지 알 수가 없다는 학생들에게 말한다. 몇 달 더 노력하면 된다. 시간 부자들 아닌가? 안 되면 그 언어를 외워보자. 그래도 싫다면 아주 기본적인 언어라도 알아두자. 반드시 필요한 분야이기 때문에 자꾸 강조하여 언급하고 있다.

중국이 세계 1등 대국으로 우뚝 서게 된 이유를 알 수 있는 대목이다. 4차 산업혁명 시대 AI형 글로벌 인재를 아주 적극적으로 육성해가고 있다. 모든 학생에게 공평하고 공정하게 가르치고 있다.

모든 교사의 AI화가 시급하다. 살아남으려면 AI교육을 해야만 한다. 선생님이 되고 싶다는 학생들은 AI형 미래인간을 대비한 '4차 산업혁명 초융합 AI형 교사'가 되어야 한다.

너희들이 가난의 대(代)를 끊어라

지금은 글로벌 지식과 정보와 자료를 실시간으로 입수하고 분석하고 예측하여 활용하고 응용할 수 있는 시대가 되었다. 누구나 글로벌 스탠더드를 익히면 성공할 수 있는 시대다.

금수저나 흙수저 구분 없이 누구나 용이 될 수 있다는 말이다. 단, 게으르지 않고, 다양한 경험과 체험, 견학, 시연 및 강의 교육을 받은 자에게 국한된 말이다. 여기서 당연히 인성을 말해야 한다. 흙수저라고 패배 의식을 갖지 말자. 현재 상위 1%가 아니라고 우울해하지 말자. 내가 스스로 상위 10%로 살면 된다. 인생은 단 한 번이다. 한 번의 인생 멋있게 리더 그룹으로 살아보자. 그리하여 우리 자식들에게 이제는 더 이상 가난을 물려주지 말자.

목표 세우기가 이미 반의 성공이다

아, 돈을 벌어야 해! 나는 반드시 성공할 거야, 나도 그들처럼 좋은 일을 꼭 하고야 말 거야, 머릿속으로만 하루에 수십 번 다짐을 해봐야 안 된다. 종이에 적어 붙여 놓아라. 휴대폰 켜면 바로 뜨도록 해서 매일매일 보고 또 보고 머릿속으로 자꾸자꾸 되새겨야만 한다. 그리고 출력하여 책상에, 벽에, 내가 자주 보는 여러 곳곳에 붙여 놓아라. 그리고 볼 때마다 매번 다짐하라. 꼭 이렇게 하고야 말 것이라고!

시작이 반이라는 말대로 하고자 하는 일과 계획을, 종이에 적어 목표로 세워라. 그렇게만 하여도 이미 반은 성공한 것이다.

꿈이 아닌 구체적 목표가 있으면 삶과 일이 아주 신이 난다. 그 목표를 달성하기 위한 하루 할 일을 마치면 날아갈 듯 좋다. 미래에 하고자 하는, 이루고자 하는 목표를 꿈만 꾸면 꿈으로 끝난다. 생각나는 즉시 실천하라. PQ를 높여야 한다.

물론 철저한 준비를 한 후 실행에 옮겨야겠지만 그래도 안 될 때가 있다. 그다음은 미리 준비한 제2, 제3의 대안을 실행해야 한다. 한두 번의 실패에 연연하지 마라. 세상은 초초각각으로 변해간다. 성공하면 다양한 부류의 사람들이 우리를 기다릴 것이다. 돈 많은 사람, 인성이 갑인 사람, 멋있는 사람, 성공한 사람들이 여러분과 함께하게 될 것이다. 시간은 많다. 우리는 시간 부자들이다.

쾌락은 순간적으로는 재미있고 즐거우나 그 대가는 엄청나다. 한 번에 모두 잃을 수 있다. 집중하고 조심하고 또 신중해야 한다. 두 번 생각하고 말하고, 세 번 생각하고 행동하라.

세상은 이렇게 변하고 있는데 나는! 생각하자, 고민하자, 성공으로 가는 길이다.

세계 공용어를 미리 해두자

여러분은 글로벌 시대가 완전히 정착된 시대를 살아가야 한다. 글로벌 시대 생존방안 중 첫 번째가 글로벌 의사소통이다. 자동 통·번역기의 역할은 한계가 있다. 인간의 EQ 와 TQ를 따라갈 수가 없다. 그래서 내가 직접 말로 표현을 해야 한다.

글로벌 의사소통 도구는 언어이다. 그중에서도 중국어와 영어다. 스마트폰에는 수많은 중국어 무료 앱이 있다. 하루에 5분씩만 매일 해주면 된다.

우선 귀를 열리게 해라. 듣는 대로 말해보자. 1년, 2년이 지나면 모두 잘 할 수 있다. 그다음 읽고 쓰기를 하면 된다. 소통된 후에 해도 늦지 않다. 현지에 가서 6개월이나 1년 동안 친구를 사귀면서 언어와 문화를 익히는 것이 최상의 방법이겠지만, 체류비용 문제 등으로 현실적 어려움이 있다. 그래서 앱, 플랫폼, VR, SNS 등을 활용하면 된다.

저자도 매우 후회하는 부분이 바로 중국어를 더 유창하게, 영어를 더 풍족하게 그리고 컴퓨터를 더 완벽하게 해두지 않은 것이다. 코로나(COVID-19)로 인해 글로벌 시대가 이렇게 빨리 와서 나를 당황하게 할지 전혀 예측하지 못했다. 미래학자라고 말하기 창피할 정도이다. 지금 당장 시작하자. 내일부터 계획을 잘 짜서 시작한다고? 내일은 늦다. 지금 즉시 시작하라. 10대인 지금부터 시작해야만 40대가 지나서 글로벌 리더 그룹으로, 성덕으로 살아갈 수 있다.

죽음 직전에 할 말을 준비해 두자

요즘 죽음 설계 디자이너(End-of-Life Planning Designer)들 사이에서 이런 말이 있다. 죽을 때 웃으며 죽는 사람이 가장 행복했던 사람이라고! 그 행복은 바로 10대부터 준비하는 것이다. 죽을 때도 멋있게 죽어야 한다. 그래서 죽음 설계 디자이너가 뜨고 있다. 죽음 직전에 할 말은 지금부터 준비해 두자. 나는 행복하게 멋있게 살다가 간다고.

우리 시대의 영웅인 그대들, 이름을 남기고 싶지 않은가! 이름을 남기는 방법은 여러 가지이다. 빌 게이츠, 유명한 홍콩 배우 저우룬파와 같이 돈을 많이 벌어서 좋은 곳에 사용하는 사람, 일론 머스크, 잡스, 마윈처럼 독특한 기술을 개발하여 인류의 지속 가능 발전에 크게 기여한 사람, 또 지구촌과 지역을 위하여 기후환경 운동 등의 의로운 활동을 한 사람들이 대표적이라 하겠다.

현존하는 비즈니스는 10년 내 완전히 재편된다

지금 여러분이 주변에서 직접 보거나 또 TV나 언론매체를 통해 보는 현존하는 모든 사업은 10년 안에 완전히 재편된다. 많은 부분은 사라질 것이고 어떤 식으로든 변해갈 것이다. AI가 그냥 두지를 않는다. 우리가 모르는 사이에 나도 모르게 AI를, 4차 산업혁명의 핵심 분야들을 대부분 이미 활용하고 있다. 10년이 지나면 모든 것이 변해간다는 당연한 예측을 할 수 있다.

그러나 여러분은 충분히 상상하고 있을 것이다. 그 상상을 현실화시킬 수 있도록 능력도 키우자. 20년, 30년 전의 공상과학 추리영화에서 나오는 장면들이 현실이 되지 않았나! 여러분의 상상력이 세상을 바꾼다.

유치원, 초등학교 또는 몇 달 전에 선생님에게서 어딘가에서 누군가에게서 들은 희한한 말들이 대부분 현실이 될 수 있기에 기억하자. 지금의 것들이 어떻게 변해 갈 것인가는 여러분들만이 알 수 있다. 부모님 세대들은 믿으려 하지 않는다. 또 지금도 좋은데 왜 자꾸 바꾸려 하냐고 불만을 느낀다. 변화를 두려워하는 것이다.

여러분은 변화해야만 살아남는 세대이다. 매일매일 어떻게 변화할 것인가를 생각하라. 초초각각으로 변하고 있는 미래세상, 변하지 않으면, 변화를 받아들이지 않으면, 변화를 두려워하면 리더 그룹으로 살아갈 수 없다.

변화에 아주 빨리 적응하고 대응하는 방법은 내가 변화의 주체가 되는 것이다. 그 변화의 선봉에 서야 한다. TQ(trend quotient, 트렌드 지수, 미래예측 능력)를 높여야 한다.

다능인(multipotentialities)이 되자

한 분야를 자세히, 깊게 파기보다는 여러 분야를 알고 싶어 하는 멀티 포텐셜 라이트가 다능인 이다. 다방면의 관심 분야와 경험을 결합하여 기획한 나만의 사업을 꿈꾸는 것이다. 지구력이 약하고 호기심만 너무 많아 쉽게 싫증을 내는 부정적인 모습으로 표현하기도 하는데, 글로벌 시대, 초초각각으로 변하고 있는 4차 산업혁명 시대에는 멀티시대이다. 할 수 있다면 좋아하는 것들을 다 해보고 그중에서 잘하는 것 몇 가지에 목숨을 걸면 성공한다.

또 나의 상황에 맞게 다른 사람으로 변신하여 다양한 정체성을 표출하는 멀티 페르소나(multi-persona)로 살아가야 한다. 학교나 알바 등 본래의 일을 할 때, 하교 후 집에 있을 때, SNS 등 온라인으로 소통할 때 등 그 상황에 따라 다양한 정체성을 보여주어야 한다. 본캐가 있으니 부캐도 있으면 더 다양한 나를 알릴 수가 있다. 아재들이 이 시대 청소년들의 자화상으로 치부하더라도 신경 1도 쓸 이유가 없다. 어차피 여러분만이 할 수 있는 세상이니까.

지금도 여러분은 크게는 가상현실과 실제 현실 사이에서 살아가고 있는 자신의 멀티성에 놀랄 것이다. 하루 5시간에서 10시간 정도 온라인 사이버 공간에서 살아가고 있는, 가상현실 속에서 살아가고 있는 나를 발견할 것이다.

센세이셔널하게 살자

영국 프리미어리그(Premier League)에서 뛰고 있는 한국의 국가대표 축구선수인 손흥민 선수를 그들은 센세이셔널 (Sonsational = Son + sensation)이라 부른다. 한마디로 손돌풍이라는 뜻이다. 나 스스로 시대의 트렌드를 이끌어가는 메가트렌드를 한번 만들어 보자는 것이다. 나만의 클래스(class)를 만들어서 그것이 지구촌 표준(글로벌 스탠더드)이 되도록 해보자. 열심히만 한다고 모두가 성공하는 것은 아니지만 TQ를 높여서 메가트렌드를 잘 읽어가며 차근차근 진행하면 목표에 도달할 수 있다.

메가트렌드를 잘 읽고 살필 수 있는 능력은 스스로 높일 수밖에 없는 TQ에서 나온다. TQ 높이는 방법은 대표적으로 NQ, SQ, PQ, CQ, AIQ를 아울러 높여야 한다고 했다. 특히 많은 미래학자의 5년, 10년, 20년 후 미래세상 진단과 예측을 사업계획에 꼭 반영하고 포함해야만 한다. 누구도 10년 후 세상을 알려주지 않기 때문이다.

남들이 보면 놀릴 텐데. 쑥스럽고 부끄러워 어디에 발표하기가 두렵다고 그 컨텐츠를 절대 죽이지 마라. 의외인 것이 뜨는 시대다. 단조롭고 간단하고 별거 아닌 것에서 대박이 날 수도 있다. 센세이셔널(sensational)을 일으킬 수가 있다. 내가 긴 시간 고민하고 생각하여 창조한 컨텐츠를 친구나 선생님에게 우선 알려라. 그리고 SNS에 올리고, 공유하고, 해당 컨텐츠 대회에 나가고, 발표하고 널리 알리면 된다.

관종이 되자

병적인 관심종자(관종, 關心種子, grandstander)가 되어 남의 시선을 끌기만 한다면 결국 사업적으로는 사기꾼이 될 수도 있다. 그러나 내가 창의적으로 창조해 낸 컨텐츠가 널리 공유될 수 있도록 하는 일과 그에 관심을 끄는 관종은 필요하다.

많은 리더가 일종의 관종 마인드를 가지고 있다. 누구나 자신을 드러내고 싶은 마음을 가지고 있지만, 상대방을 제대로 설득하며 판매를 끌어내는 능력은 훌륭한 관종이다. 진정성 있는 관종은 좋은 일이다.

나의 미래 삶의 지침서가 될 책 한 권 원픽

과거에는 10대는 반항의 시기, 20대는 배우는 시기, 30대는 사고 치는 시기, 40대는 정착의 시기, 50대는 수확의 시기, 60대는 안정의 시기, 70대는 누리는 시기, 80대는 죽음 준비의 시기라 말했다.

그러나 4차 산업혁명 시대인 지금은 이렇게 변했다. 10대는 반항과 경험의 시기, 20대는 창업의 시기, 30대는 시행착오의 시기, 40대는 공유협업의 시기, 50대도 공유의 시기, 60대 이후는 봉사하며 일하는 시기라 부른다.

내가 몹시 힘들고 답답하고 우울할 때 꺼내서 읽는 책, 들고 다니며 읽는 책, 한두 권은 꼭 있어야 한다. 또 힘을 주는 몇 줄의 문장이어도 좋다. 이러한 것이 나의 미래 삶의 지침서가 된다.

글로벌 리더 그룹들의 책도 좋고 미래학자들의 5년, 10년, 20년 후 사회변화 메가트렌드를 알려주는 책도 좋다. 인문학적이고 나의 인성 또한 강하고 건강하게 만들어주는 책이다.

차고에서 시작한 글로벌 갑부들

창업을 하고 일을 하는데 고급스러운 사무실과 공장과 많은 인원이 필요하다고 말하는 사람들과 일하지 마라. 겉멋만 들어 폼만 잡다가 인생 망치는 자들이 대부분이다. 직원이 몇 명이냐고 묻는 사람은 20세기 꼰대들이다. 나는 나와 협업하는 사람이 7,000명이라고 말한다. 내 SNS 팔로워가 그 숫자를 넘기 때문이다.

마크 저커버그, 일론 머스크 등 글로벌 갑부들은 어디에서 사업을 시작했는가? 집의 허름한 차고나 창고에서부터 시작했다. 또 처음에는 허접한 기술이었지만 공유하며 설득하고 발전 방향을 알고 있었으니 투자와 지원을 받은 것이다. 우리도 빈방에서, 학교의 빈 교실에서부터 시작하자. 주변을 살펴보면 비어있는 곳을 재활용한 메이커 센터가 많다. 서울의 세운상가와 용산전자상가가 디지털 대장간이 되어 있다. 얼마든지 무료로 사용할 수 있다. 친구들과 같이 가서 나의 일 공간을 확보하라.

세계적 글로벌 리더 기업인 애플, 구글, 디즈니, 아마존, 휴렛팩커드가 차고에서 시작되었다. 공구도 많고, 지저분하게 만들어도 누가 뭐라고 말하지 않는 곳, 리더들의 놀이 공간, 메이킹 하는 데 장소가 무엇이 중요한가? 어느 곳이든 시작부터 하라는 뜻이다. 생각나는 즉시 실천할 수 있는 공간만 있으면 된다.

지금 꿈꾸고 있는 그런 어른이 되자

나는 나중에 이런 어른이 될 거야! 그래 지금 꿈꾸고 있는 그런 어른, 희망하고 있는 그런 어른이 되면 성공이고 행복이다. 10대에, 20대에 꿈꾸는 나의 40대, 50대의 모습을 지금 생각해 두어야 한다.

2

코로나 시대
사회 대변혁을 알아야 돈을 번다

3D프린터로 출력한 세종대왕 상 옆의 저자 (2017. 12. 인텔리코리아)

2

코로나 시대
사회 대변혁을 알아야 돈을 번다

이제는 기후변화다

　미래사회변화 메가트렌드, 특히 코로나(COVID-19)로 인한 사회 대변혁을 정확히 읽고 살피는 데 가장 중요하고 기본적이고 근본적인 요소가 바로 기후환경의 변화이다. 기후변화가 미래세상을 변화시키는 제1요소이다. 그래서 글로벌 5대 메가트렌드 중 제1이 기후변화이다.

　그리고 우리나라 환경부나 UN에서 가장 많은 미래일자리가 있다고 지속해서 발표하고 있는 것이 바로 기후환경

산업이다. 이 기후환경산업 분야에 가장 많은 일자리, 미래 먹을거리, 장삿거리, 사업거리가 있다. 온실가스 배출을 최소화하고 배출하지 않는 산업군을 말하며 바로 4차 산업혁명 시대 핵심 분야들이 기후환경산업들이다. 그중에서도 생명산업인 바이오 헬스케어 산업은 데이터 플랫폼 경제 시대의 핵심 산업이다. 건강이 최우선이기 때문이며 또한 초고령화 사회의 기본산업이기 때문이다.

기후 변화에 대한 처음 접근 방법은 기후변화 심각성 인식 교육, 기후변화 적응·대응 방안 제시, 재해재난 대책, 국제사례교육이 핵심이며, 체계적이고 지속적이며 습관화 의무 교육이 필수이다. 초미세먼지와 CO_2 저감, 폭염, 가뭄, 국지성 폭설과 폭우, 지진 대책 마련에 많은 일자리가 있다.

엉뚱한 분야에서 허덕이지 말고 기후환경산업, 즉 4차 산업혁명 핵심 분야이자 공유협업경제 분야에서 미래 먹거리를 찾자. 기후환경산업은 모든 산업 중 가장 중요한 건강을 지키는 산업이다. 건강산업에 가장 많은 일자리와 돈벌이할 품목들이 있다. 그래서 세계적인 글로벌 기업들은 대부분 건강기능 식품 사업을 직접 하거나 관여하고 있다. 코로나(COVID-19)라는 엄청난 지구촌 대재앙의 근원이 또한 바로 기후변화라는 사실이다.

의식기술의 시대, 싱귤래리티 시대

바로 5차 산업혁명 시대이다. 생각으로 일을 처리하는 시대다. 부모님 세대는 손품과 발품을 팔며 살아왔지만, 여러분들은 손품 파는 시대에서 뇌 품을 파는 시대로 넘어가는 세대이다. 뇌 품을 팔아라. 생각을 아주 정확히 명쾌하고 빠르게 하라. 빠른 판단력, 신속한 결단력, 의사결정 능력 또한 싱귤래리티 시대에 중요한 덕목이다. 글로벌 리더들은 10대 후반, 20대 초반부터 다 계획이 있었다.

여러분들은 넘사벽이자 특이점을 뛰어넘는 무한 자유의 컨텐츠 만들기, 인간 두뇌의 한계점이 무색할 엄청나게 무시무시한 생뚱맞음, 뉴노멀로 완전 무장한 신인류로서의 계획이 절실한 코로나 이후의 세대들이다.

블록체인 AI 시대

블록체인(blockchain) 기반 기술이 미래사회를 변화시킬 중요 기술 중의 하나임은 틀림없다. '제2의 인터넷이다.' 라고까지 언급하고 있다. 수많은 블록체인 기반 기술을 알고 기업과 지자체는 물론 국가 생존전략에 반영하고 있다. 많은 블록체인 기반 기술 중의 하나가 암호화 화폐(crypto-currency)일 뿐이다. 기축통화라 하는 기존의 미국 달러나 중국의 인민폐 등 세계적인 화폐에 바로 대적하여 이겨내기는 힘들 것이다.

대한민국의 청년들이여! 제발 부탁한다. 암호화 화폐로 한 방에 크게 먹으려다가 한 방에 훅 간다. 그 융합기술을 배워라. 답답한 마음에 저자는 2018년 6월에 '블록체인 AI 테크센터'를 설립하여 여러분과 청년들에게 블록체인 기반 기술 디벨로퍼와 플랫포머들을 양성하기 위해 일반인 및 전문가 교육을 하고 있다. 이러한 훌륭한 기술을 기업과 연계하여 글로벌 시장에서의 투명하고 안전한 경쟁력 강화와 글로벌화에 활용하여야 한다.

권력이든 자금이든 중앙에 또 대기업 등 한 곳에 집중되는 현상을 분산하여 모두가 알고 투명하게 사업하여 윈윈하는 기본구도를 가진다. 블록체인 기반 기술과 기반산업의 상용화와 보편화로 인해 국가와 국경, 나라의 개념까지 희박해진다. 블록으로 가고 온라인 사이버 가상현실 내에서도 투명한 기업 활동이 가능하기 때문이다.

초융합 초연결의 블록체인 기반산업으로 지구촌이 일일 생활권 시대로 빠르게 진입하고 있으며, '무국경 무한경쟁의 지구촌 시대'가 정착되어 가고 있다. 온라인 글로벌 시대가 정착이 되는 것이다. 이 블록체인 기반 기술에 AI를 융합하고 접목해야지만 하나의 완벽한 기술로 자리 잡게

된다. 그래서 블록체인 AI이다. 그곳에 돈벌이 많고, 나아
가 미래에는 더욱 많아질 것이다.

기후 환경산업에 가장 많은 일자리가 있다

2019년 6월 우리나라 정부에서 환경부 주도로 기후환경
산업에 가장 많은 일자리가 있다고 발표를 했다. 그 말은
이 분야에 가장 많은 먹을거리, 장삿거리, 돈벌이할 것들이
있다는 뜻이다. 이 분야에서 스타트업(start up)하자. 학교 기
업을 하자. 메이킹(making) 하자.

기후환경산업이란 바로 4차 산업혁명의 핵심 분야들이다.
CO^2(이산화탄소) 저감으로 탄소배출권을 확보할 수 있다. 초
미세먼지 저감으로 우리의 건강을 가장 먼저 생각해야 한
다. 대표적인 사례가 뉴스마트팜(New Smart Farm)이다. 미래
생명 산업인 미래식량 산업, 식품산업, 물 산업, 미래에너
지 산업이 뉴스마트팜 안에서 이루어지게 된다. 이것을 블
록체인 AI 기반의 '신 6차 산업'이라 한다. 인간에게 필수
적으로 필요한 생명산업 분야이다. 어떤가? 이 분야에서 승
부를 걸어보고 싶지 않은가? 바이오 헬스케어 산업에 돈이
있다. 초고령화 사회로 급속히 진입하고 있는 이 시점에
수명연장과 건강한 노후보장 사업이 당연히 대박이다.

수명연장 산업(life extension industries), 노화 방지(anti-aging)를 넘어 노화 역전(against aging)을 실천하게 되었다. 세계적 추세이다. AI(Artificial Intelligence, 인공지능)로 DNA(deoxyribonucleic acid, 유전인자) 맞춤형 신약을 개발하였다. 인류 모두가 다른 DNA를 가지고 있기에 내 몸에 맞는 음식, 약과 건강식품을 먹어야 한다. 남에게 좋다고 모두 나에게도 좋은 것은 아니다.

저자의 아들이 초등학교 때부터 무척 관심을 가졌던 분야이다. 할아버지께서 돌아가셨을 때의 슬픔으로 '나는 아빠를 영원히 살 수 있도록 할 거야!라고,' 그래, 이제 네가 고등학생인데 이미 이 분야가 현실로 다가왔다. 지금도 흥미를 갖고 있으면 해 보아라. 반드시 성공할 수 있다.

뜨는 직업, 지는 직업

참 안타깝게도 우리나라의 유치원, 초등학교, 중학교, 고등학교, 대학교에서 2025년~2030년경 사이에 약 50%가량 사라지는 직업을 아직도 가르치고 있다는 사실이다. 그래서 중·고등학교를 가지 않고 홈스쿨링(home schooling)과 공교육을 대안 하여 글로벌 스탠더드를 알려주고 창의적 자기 주도형 공동체 학교로 가는 학생이 이미 20%에 육박하고 있다. 왜 우리나라 교육은 이래야만 하는가?

여러분이 20대, 30대가 되어서 먹고살 수 있는 분야를 가르치거나 알려주어야 하지 않은가? 답은 미래를 과학적이고 체계적으로 공부하지 않기 때문이다. 대한민국에는 미래학(futurology)을 알려주는 미래학자가 아주 소수이기 때문이다. 미래학자(futurist)뿐 아니라 학교의 선생님들이 할 의무사항이 바로 우리 아이들에게 미래를 미리미리 알려주어 미래준비를 할 수 있도록 해야 한다. 그것이 미래진로 설계 및 미래 삶의 목표 설정에 절대적으로 필요하고 중요하다.

불안하고 답답한 나의 미래, 무엇을 어떻게 해야 하는지 누가 알려주는가? 청소년에게는 오로지 미래만 있을 뿐이다. 지금, 한 달, 일 년 앞에 닥친 현실 때문에 당장 먹고 살아야 하니 5년, 10년 후는 아예 생각도 못 하고 앞만 보고, 취업만을 위하는, 알바 자리만 생각하는 여러분에게 부모로서 미안하구나. 앞에서도 언급했듯 '인생 100년 계획'을 세우도록 하자.

4차 산업혁명 시대의 핵심 분야들이 이미 농익어 사회 모든 분야에서 상용화, 보편화되어가고 있다. 아직도 20세기의 고루한 명언에 농락당하면 안 된다. 물론 나는 아직도 2차 산업, 3차 산업의 그 무엇인가를 하고 싶다면 조용히 혼자 하면 된다. 주변의 친구들에게 함께 하자고 절대 종용하거나 끌어들이지는 마라. 4차 산업혁명 시대의 뜨는 직업들을 하게 되면 분명 남들보다 나은 삶을 살게 될 것이다.

이미 상용화 보편화되기 시작한 여러분의 미래 직업군을 나열해 보겠다.

- 인간 신체 제조회사(Body Part Maker)
- 나노 의사(Nano-Medic)
- 약제 농업 전문가
  (Pharmer of Genetically Engineered Crops and Livestock)
- 노화 역전 매니저
  (Old Age Wellness /Against-aging Manager/Consultant/Specialists)
- 기억력 증강 내과 의사(Memory Augmentation Surgeon)
- AI 도덕 관리자(AI 'New Science' Ethicist)
- 우주관광 가이드 및 관리자(Space Tour Guide & Manager)
- 가상현실 농민(Virtual Farmers)
- 기후변화 적응·대응 전문가(Climate Change Reversal Specialist)
- 신종질병 검역·방역 관리자(New Quarantine Enforcer)
- 방역용 디지털 복제 전문가(Digital replica Specialist for Virus)
- 개인 디지털 쌍둥이 전문가(Personal Digital Twins Specialist)
- 시스템 모델러(Systems Modeler)

- 원격학습 도우미(Online leaning helper)
- VR AI 이미지어(VR AI Imagineering)
- 파괴적 기업혁신 재구축가
  (Destructive Transformative Re-structurer)
- 날씨 조정 경찰관(Weather Modification Police)
- 가상현실 AI 법률가·교사(Virtual AI Lawyer/teachers)
- DNA, 게놈 아바타 매니저
  (DNA, Avatar Manager / Devotees/ Genome)
- AI 무인 자동차 개발자(AI, Driverless Vehicle Developers)
- 공유경제 비즈니스트렌드 개발자
  (Sharing Economy Business Trend Developer)
- 쓰레기 데이터 관리자(Waste Data Handler)
- 가상현실 조직자(Virtual Clutter Organizer)
- 타임 브로커, 시간 은행, 시간 교역가
  (Time Broker / Time Bank Trader) DT 인터넷 전문가 (Data Tech.
  Big data): ICT → DT
- 가상현실 공간 디자이너(VR Designer)
- 가상현실 네트워크 관리자(VR Network Manager)
- AI 기술윤리변호사(AI tech./ethic. Lawyer)
- 프리랜서 바이오 해커(Freelancer Bio-hacker)
- IoT 데이터분석가(IoT data analyst)

- 디지털 생태평론가(Digital eco-critic)
- 개인 메모리관리 큐레이터(Personal memory management curator)
- 지속가능 에너지컨설턴트(Sustainable energy consultant)
- 장기교체 디자이너(Organ replacement designer)
- 블록체인 AI 개발자(Blockchain AI Developer)
- 데이터 청소대행 전문가(Data cleaning agent)
- 스마트시티 구축가(Smart city system builder)
- 뉴스마트팜 구축가(New smart farm builder)
- 틱토커 유튜버 융합가(TikToker YouTuber convergencer)
- 건강 데이터 플랫포머(Health data platfomer)
- 데이터 경제과학자(Data econoscientist, economist+scientis)
- 데이터 중개업자(Data broker)
- 최신 AI 비서, 반려봇 개발자
  (Advanced AI secretary & companion robot)
- 사물/만물 인터넷 연결 개발자(IOT(E) internet link developer)
- 원격 AI 면접 채용 전문가(Online AI recruiter)
- 죽음 설계 디자이너(Death & end of life designer)
- 바이오 헬스케어 설계자(Bio healthcare designer)
- 바이오 인조인간 제작자(Bio humanoid robot maker)
- 데이터 영상 음악 아티스트(Data image & music artist)
- 스마트 의류 디자이너(Smart clothes designer)

- 스마트 공간 디자이너(Smart spatial designer)
- 스마트 팩토리 관리자(Smart factory manager)
- 플랫폼 구축 개발 활용가

  (Platform building, developing & applicationer)
- AI 세금징수 전문가(AI tax collector)
- AI 로봇 유통 전문가(AI robot distribution specialist)
- 사이버 보안 로봇 개발자(Cyber security robot developer)
- 우주 자원 개발자(Space resources developer)
- 신의공학 크리에이터(New Biomedical Engineering Creator)
- 트랜스 휴먼 디자인 기술자(Trans human Design Technician)

지는 직업들에는 무엇이 있는가? 세계 최고 갑부였던 빌 게이츠, 로메티 IBM 회장, 오스브론 옥스퍼드대학 교수가 2008년도에 예측한 2025년경 사라지는 직업들이다. 물론 빅데이터 기반의 AI를 장착한 로봇들이 인간의 일자리를 대체한다는 내용이다.

텔레마케터(telemarketer), 편의점, 마트, 주유소, 톨게이트 등의 일반근무자(Clerk), 무인 은행, 디지털 은행으로 빠르게 변해가고 있으니 은행의 출납직원, 축구, 야구 등의 심판들(Umpire/Referee), AI칩 장착으로 대형마트의 커시어(cashier), 카지노딜러도 AI 딜러로, 운전 안 하는 지능형 무인차량의 등장으로 기사, 디자이너나 구매자의 욕구에 완벽히 맞추어 만들어주는 마네킹 AI 모델들의 등장으로 패션모델들이 대표적으로 사라지는 직업군이다.

안마 마사지사, 요양보호사도 말로 입력하는 대로 정확한 부위를 집중적으로 마사지하고 보호해주는 365일 피곤함을 모르는 AI 로봇으로 대체된다. 드론 부대와 AI 로봇부대 창설로 군인, 경찰, 소방관 등 전쟁, 재해재난 지역에 투입되는 요인들부터 사라져갈 것이다. 온라인출판이 보편화되면서 서점과 출판사는 온라인 커뮤니티 활동의 장으로 변화되거나 소멸을 예측한다.

로봇수술이 이미 상용화되면서 외과, 내과 수술 의사들, 사무원, 회계사, 상담원, 은행원, 변리사, 기자, 언론인, 교수, 변호사, 판사, 통·번역사 등의 직업들은 몇 년 남았는가? 공유협업경제 시대에는 무인공장, 무인경비, 무인자동차 등으로 변해가고 있다. AI 로봇들이 인간의 일을 대신에 해 주고 있다.

기후변화, 이거 장난 아니네

아직도 지구촌 기후변화의 심각성을 제대로 파악하지 못하는 사람들이 있다면 그들은 지구촌에서 가장 먼저 사라질 종족들이라 하겠다. 30~40년 후 우리는 물론 여러분 세대에 지구촌 인구의 약 30%가 멸종 또는 살던 땅을 떠나는 기후난민으로 전락하게 된다. 그래도 실감이 나지 않는가? 지금처럼 급격한 기후변화를 방치한다면 지구촌에서 지속가능한 삶을 유지하기 힘들다는 뜻이다. 지속 불가능으로 가고 있으니 말이다.

우리는 물론이고 우리 자손들이 지구촌에서 지속해서 살아남아 행복한 삶을 영위할 수 있도록 해야 할 의무가 우리에게 있다. 지속 가능한 발전을 위해서 얼마나 많은 새로운 분야가 발달해야만 하겠는가? 대부분 기후환경산업에 집중할 것이 확실하다. 기후환경산업에 가장 많은 일자리가 있다는 말이 실감이 난다.

기후변화 전반에 관한 강의 교육이 절실하다. 기후변화의 심각성 인식 교육, 기후변화적응(adaptation)과 대응 방안제시, 기후변화 재해재난 대책, 국제사례교육, 이 4가지를 체계적이고 지속적이며 의무교육화하여 습관화해야만 살아남는 시대가 왔다.

지금부터라도 유치원, 초등학교, 중학교, 고등학교는 주 2시간 이상씩 기후변화 전반에 관한 의무교육을 하여야 한다. 각 지자체는 일반인 대상 정기교육이 필요하다. 많은 기후변화 지도사와 기후환경 해설사, 전문 강사들도 양성해야만 한다.

기후변화로 인해 코로나(COVID-19) 같은 신종 바이러스와 신종질병들이 등장하고 있다. 더 자주 창궐하여 인류에 큰 피해를 줄 것이다. 더는 자연환경의 파괴로 우리 인류의 종말을 앞당기지 말자. 여러분의 과업이고 그 과업을 달성해 가는데 새롭게 뜨는 많은 일자리들이 있다. 기후환경산업이다.

기후환경의 변화와 화석연료 사용으로 발생되는 초미세먼지

21세기 최대 재앙이 된 '초미세먼지' 대책과 일자리

저자가 지금 비평하고 있는 분야에 엄청난 일자리가 있으니 잘 읽기 바란다. 기후변화 문제 해결을 위해서는 전문 인력이 절대 필요하기 때문이다. 바로 여러분들의 미래 일자리가 될 것이다.

초미세먼지 하나뿐이겠는가, 이산화탄소(CO2) 저감하기는 어떤가? 자동차 배기가스 줄이기는? 석탄화력발전소에서 가장 많은 미세먼지와 CO2가 발생하고 있다. 당연히 화력발전소를 축소해야 한다. 폐쇄하라는 것이 아니고 미세조류 기름과 미세조류 탄을 사용하여 발전하면 된다. 미세조류(micro-algae)는 알지이고 기름은 알지오일(algae oil), 탄은 알지 펠릿(alge pellet)이다. 우리의 건강을 직접적으로 해치는 화석연료, 얼마나 줄였는가? 우리나라는 EU, OECD 국가에 비교해 아직 걸음마 단계에 불과하다. 기후환경 분야에서만은 후진국이라는 말이다.

얼마나 해로운지 그 해결방안들과 신 일자리 창출이 얼마나 많이 되는지를 알아보겠다. 우선 초미세먼지(ultrafine dust)는 1급 발암 먼지이며, 우리 몸에 흡입된 후에는 거의 배출이 되지 않는 독한 먼지이다. 그래서 줄이자는 것이며, 줄여야만 건강하게 일을 하며 살아갈 수 있다. 기대수명까지 건강하게 살아가려면 화석연료를 줄여야 한다. 석유와

석탄이 주범이다. 신종질병과 신종 바이러스에 대한 면역력 강화를 위해서도 반드시 줄여야 한다.

중국을 포함하여 인도, EU 국가들은 2030 ~ 2035년까지 화석연료 사용 차량의 교통수단을 전면 중단하겠다고 발표했다. 우리도 동참하여 줄여가야 한다. 신재생에너지, 화석연료 대체에너지는 엄청나게 많이 있고, 현재에도 사용하기에 충분하기 때문이다. 태양광 등으로 대별되는 솔라 에너지, 미세조류 에너지를 활용하여 발전소, 시멘트공장, 대형

인류의 생존을 위해 2030년까지 45% 온실가스 배출량 줄이기, UN 기후행동

보일러, 차량, 항공유를 대신하면 초미세먼지는 물론 CO_2 와 온실가스를 크게 저감할 수 있다. 한국판 뉴딜에서도 언급되고 있다.

미세조류는 이산화탄소를 먹고 산소를 배출하기 때문이다. 단위면적 당 열대우림보다 2~3배 많은 이산화탄소 흡입원으로 IPCC(Intergovernmental Panel on Climate Change, 기후변화에 관한 정부 간 패널)에서 인정하고 있다.

그리고 미세먼지는 무조건 중국에서 온다는 식의 언론매체 보도는 큰 잘못이다. 우리나라 자체에서 발생하는 것들도 많다. 2019년 11월 중국발 미세먼지는 32% 정도라고 잠정 결론지었다.

기후변화 대응과 기후환경산업

기후변화의 심각성은 다음과 같다.

첫째, 기후변화의 속도 줄이기이다. 최근 5~6년 사이에 기후의 변화는 미친 듯이 진행되어가고 있다. 매년 그 변화의 속도가 아주 빨라져 우리나라에서는 오래전부터 에너지 절약, 대중교통 이용하기, 늪 살리기, 강 보호, 나무 심기 등 환경보호 운동을 해오고 있다. 우리나라의 기후환경 운동은 대부분 여기서 끝난다. 정말 중요한 다음의 내용은 등한시해왔다.

둘째, 기후변화적응이다. 이렇게 미친 듯이 변해가는 기후환경에 누가 얼마나 빠르고 강하게 적응하느냐이다. UN에는 세계 6곳에 기후변화적응센터를 설립하여 체계적이고 지속적인 교육과 함께 각국 국민들에게 적응방안을 알려주고 있다. 우리도 이제라도 하면 된다. 여러분의 일자리다.

세계기후변화상황실(Global Climat Change Situation Room, GCCSR) 같은 국제기구에서 기후변화대응에 관한 강의 교육, 실습, 시연, 견학, 체험 교육프로그램을 자체적으로 운영하고 있다. 우리 학생들과 지역 주민들에게 그나마 기후환경변화의 심각성 인식 교육을 해가고 있다.

셋째, 기후변화 중에서 가장 중요한 분야 기후환경산업이다. 이 기후변화 분야에 크고 많은 일자리, 사업거리, 먹을거리, 장삿거리가 있다는 사실이다. 이를 알려주어야 한다. 그래야 이곳에서 청년들이 신 일자리를 창출하고, 시니어들이 일자리를 재창출할 수가 있는 것이다. 가장 많은 일자리가 있기 때문이다.

기후환경산업, 바로 대한민국의 미래먹거리가 여기에 있다. 미래생명 산업이다. 생명산업, 없어서는 안 되며, 없으면 인간이 생존할 수 없는 산업, 즉 미래식량, 식품, 물 산업과 우리의 건강을 스스로 지키는 바이오 헬스케어 산업 그리고 미래에너지 산업이다. 3 ~ 5년 이내에 대한민국의 5대

국가 기간산업으로 우뚝 설 것이다. 제철, 제강, 자동차, 조선, 반도체 산업 등 과거 우리나라의 국가 기간산업들은 이제 저물어 가는 사양산업(斜陽産業)이 되고 있다. 어디에서 직업을, 일자리를, 사업 거리, 장삿거리를 찾고 있는가?

신국가 5대 기간산업에는 어떠한 일자리가 있는가? 미래 식량 산업부터 보자. 식량부족 문제는 오래전부터 지구촌 곳곳에서 겪어왔던 사실이다. 특히 사막화와 건조지역의 급속한 팽창으로 생산지가 축소되었다.

2019년 말과 2020년 초까지 5개월 이상 불탔던 호주 남부지역은 우리나라 면적만 한 곳이 피해를 보았다. 2020년 6월 38도까지 오른 동토의 땅 시베리아의 기록적인 폭염, 2020년 5월부터 8월까지 중국 중남부 지역의 최악의 폭우 등으로 지구촌 곳곳이 아주 심한 몸살을 앓고 있다는 사실을 우리는 잘 알고 있다. 지구촌은 그래도 균형을 잡기 위해 다양한 노력과 다시 돌아온 미세조류를 그 대안 중 하나로 삼고 있다.

4차 산업혁명 시대의 핵심 분야들이 상용화 보편화되고 있는 시점에 미래식품 문화의 트렌드가 변해가고 있다. 바로 AI형 미래인간들의 식량, 식품이 등장하고 있다. 여기에서 돈벌이해야 한다,

물 부족이란 말을 오래전부터 들어왔다. 우리나라도 물

부족이 심각하고 가뭄으로 많은 피해를 입고 있다. 봄, 가을 가뭄은 건기로 불릴 정도로 건조화가 심각하다. 미래생명 산업인 물 산업 또한 국가 기간산업으로 부상하게 될 것이다. 2030년경부터 우리나라도 물 수입 국가로 전락할 수 있다. 물 산업의 중요성이다. 물장사가 돈을 번다.

2015년부터 혼자 외로이 기후 환경운동을 하는 스웨덴의 그레타 툰베리
지금은 세계 곳곳에서 국민건강권을 지키고 지속가능한 지구촌 보전을
위해 '기후 위기 행동'을 하고 있다.

기후변화 대응 미래에너지는

그리고 미래생명 산업 중 하나는 미래에너지 분야다. 이제 글로벌 시장에서 화석연료가 고갈되어 가고 또 인류의 건강을 심각하게 훼손시키기 때문에 수명연장 및 헬스케어 분야의 종사자와 기후환경 활동가 그리고 이제는 일반 시민들까지 화석연료 줄이기에 앞장서고 있다.

　미래에너지는 솔라에너지(solar energy)와 미세조류(micro-algae) 에너지로 대별하여 구분된다. 솔라에너지 또는 태양에너지는 우리의 별이자 항성인 태양으로부터 얻는 에너지이다. 세 번째 자식인 지구라는 행성에 어마어마한 애정을 주고 있다. 엄청난 에너지를 보내주고 있다는 것이다. 태양이 그냥 자식들을 만들지는 않았을 것이기에, 자신도 존재하고 태양계의 균형을 이루기 위해서라도 태양은 지구라는 행성에 한없는 애정, 즉 한없는 에너지를 주고 있다.

　1일 178,000테라와트(terawatt, 1조 와트의 전기와 동일한 단위)를 주고 있다. 그중에서 150테라와트만 있어도 인류는 충분한 에너지를 확보할 수 있다. 그런데 태양에너지는 우리에게 전기와 전력만을 준다. 뭔가 액체나 고체 에너지가 필요하다. 그것이 바로 바이오 연료로 표현되는 미세조류에너지이다. 알지 오일과 알지 펠릿 등으로 이미 십수 년 전부터 세계 각국에서 상용화되어 있다.

　2018년 9월 대한항공은 처음으로 미국 시카고에서 인천공항을 운행하는 비행기에 기존의 항공유 대신 조류기름으로 운항했다. 일반 항공유보다 값도 싸고 온실가스를 배출하지 않기 때문이기도 하며 기후환경 보호차원에서도 또 세계적 추세에 따라서도 아주 바람직하였다. 전국의 유휴공간에서는 조류가 대량생산되어야 한다. 그래야 에너지와 면역력 강화 미래식량은 물론 초미먼지 줄이기를 동시에 이룰 수가 있다. 여러분들의 20대에 가장 큰 돈벌이 사업 중 하나가 바로 미래에너지 사업 분야다. 생명산업이기 때문이다. 우리의 활동원인 에너지 없이 인류는 아무것도 할 수가 없다. 지금부터 달려들어야 20대, 30대에 지금의 마윈, 마크 저커버그, 손정의를 능가할 수 있다. 그들도 이미 미래에너지 사업을 하고 있다.

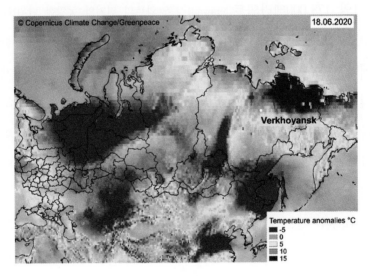

러시아 시베리아의 건조화, 산불로 최강더위, 동토를 녹인다. 〈그린피스 제공〉

글로벌 AI 마스터 스쿨이 뜬다

학교는 가도록 해라. 친구들도 사귀고, 질문에 바로 답을 안 주신다고 선생님을 원망하지 말고, 스마트폰 빼앗겼다고 화내지도 말아라. 현실은 일정 받아들일 필요도 있단다. 인내심도 배워야 하니까.

대부분 선생님과 부모님들은 3차 산업혁명 시대를 살아온 역군들이라 여러분들과는 시대 차이가 크다. 잔소리로 듣지 말고 인성을 키우는 차원에서, 어른을 공경하는 차원에서 대하고 인생의 선배들이니까 이성 문제나 여러 가지 사회성 고민거리들을 상담하기를 바란다.

미래학(futurology, 未來學)을 체계적으로 접하지 못하신 선생님들은 미래진로 설계, 미래 삶의 목표 설정을 해주기가 벅찰 것이다. 단순히 온라인에 떠도는 미래와 미래직업과 미래세상 이야기일지라도 아니 듣는 것보다는 훨씬 낫다. 소통할 수 있는 장은 아주 많단다. 한국에도 소수이지만 미래학자(futurist)들이 있으니 그들에게 직접 질문을 하거나 그들의 강의를 듣거나 책을 읽어보면 큰 도움이 될 것이다. 자꾸 물어보고 고민해야지만 성공할 수 있다.

이제는 많은 선생님이 4차 산업혁명의 핵심 분야를 알려주려고 큰 노력을 하고 있다. 직접 AI 컴퓨팅을 하고, 드론과 3D를 하며, 빅데이터 플랫폼 사업과 바이오 헬스케어 등 미래먹거리 산업을 말씀해 주시는 매우 훌륭한 선생님들도 계시니 그분들의 말씀을 잘 따르면 된다.

여러분은 미래를 위하여 당연히 미래학교에 가야 한다. 미래의 세상이 어떻게 변해 갈 것인가를 미리 알려주는 미래학교에 가야 한다.

아시아 최고의 부국이며 가장 잘사는 나라 싱가포르는 국민소득(GNP)이 6만 불에 육박하고, 우리나라보다 약 두 배나 잘사는 나라이다. 그런 잘사는 나라 싱가포르의 학생들은 학교에서 무엇을 배우고 있는가? 바로 20대, 30대를 준비해주는 미래교육을 받고 있다. 선진각국에서 하는 표준화 교육, 글로벌 스탠더드를 하는 것이다.

미래학교 글로벌 스쿨의 정확한 표현은 '글로벌 AI 마스터 스쿨(Global AI Master School, GAS)'이다. 이곳으로 가야만 하는 이유는 여러분들도 싱가포르, 네덜란드, 영국, 인도, 중국에서 배우고 있는 것들을 여러분도 배울 정당한 권리가 있기 때문이다. 중국은 이미 유치원에서부터 AI를 체계적으로 배우고 있다.

정부와 교육부에서는 실행하기 힘이 드니 국제기구나 미래학 기관과 단체에서 만들어간다. 메이커 시대, 4차 산업혁명이 보편화한 시대, 바이오 헬스타운 내에 설립을 추진하고 있는 '글로벌 AI 마스터 스쿨'의 교육과정은 최소 6개월에서 최대 2년으로 편성된다.

학과는 여러분이 20대, 30대에 필요하고 필수적으로 알고 있어야 하며, 일자리도 구하기 쉬운 학과 위주이다. 인성적 인문학으로 교양학부에서 다루는 학과이고 다들 해야만 하는 학과들이다. 지구촌 AI 및 4차 산업혁명 확대에 대비한 마스터를 양성하고 살길을 미리미리 찾아주기 위해서이다. 4차 산업혁명과 우리의 자식들을 걱정하고 있는 많은 뜻있는 분들이 참여하고 있다. 개인의 사립학교가 아니라 우리 모두의 사회적 글로벌 스쿨이다.

학과는 5개 학과로 이루어진다. '글로벌 AI 융합학과'는 제2의 인터넷, 세상의 바꾸는 가장 큰 기술 중 하나라는 AI를 각 산업 분야에 융접목하는 방법과 그 기술을 배우고 익히는 가장 기본적인 학과이다. 국내에서도 이미 설립된 AI 병원, 도둑 지킴이, 애완용 AI 로봇, AI 변호사, 마네킹 AI 로봇 모델, AI 룩북 크리에이터(look book creator), AI 증권분석가, AI 교사와 교수 등 사회 많은 분야에 AI는 이미 상용화가 시작되고 있다. 이러한 다양한 AI의 융접목 방법과 활약상을 배운다.

일본 최고 갑부였던 손정의 소프트뱅크 회장이 2019년 7월 한국을 방문하여 우리나라 대통령을 면담하는 자리에서 말했다. IT 강국인 대한민국이 미래에 가장 잘 할 수 있고 거대 경제 강국으로 갈 수 있는 길 3가지를 말했다. 첫째도 AI, 둘째도 AI, 셋째도 AI라고!

AI가 융합된 3D, 4D 분야의 설계 디자인모델링(modelling) 산업은 이미 큰 시장을 형성하고 있다. 이제는 '메이커의 시대'이기 때문이다. 2015년 1월 1일 미국의 백악관, 당시 오바마 미국 대통령과 구글이 선정한 최고의 미래학자 토마스 프레이(Thomas Frey) 교수가 함께 선포식을 했다. '이제는 메이커 시대!'라고. 팩토리 시대는 끝났다는 표현이 되겠다. 내가 필요하고 인간이 필요한 대부분의 생필품은 물론, 의료 분야와 자동차 등 운송 수단, 집과 생활용품들까지도 이제는 집에서 찍어내서 사용하는 시대로 가고 있다.

'AI 헬스케어학과'는 인간의 수명연장에 따라 자연스럽게 등장한 건강 관련 학과이다. 게놈(genome)학자들은 이미 인간 대부분의 유전체(DNA)를 분석하여 질병을 미리 알아채질을 개선하고, 내 DNA에 맞는 약물과 맞춤형 음식물을 섭취하여 질병을 예방함으로써 수명연장으로 가는 길을 열어 주고 있다.

여기에 다양한 바이오(biology) 관련 분야가 융접목되어 빠른 기술의 발전을 가져왔다. 이미 전 세계를 무대로 활약하고 있는 글로벌 기업들이 많이 등장하였다. 빅데이터(big data) 기법을 활용하여 개인의 의료 및 건강 데이터를 플랫폼상에서 상호 교환하고 중개하여 다양한 질병들을 신속하게 고쳐주고 있다. 자료 정보의 지속적 공유 소통으로 건강한 삶을 오랫동안 지속할 수 있도록 하는 것이다.

물론 여기에 DNA나 개인의료정보의 유출, 악용을 방지하기 위해 또한 블록체인 AI 기술이 접목되는 것이다. 엄청난 새로운 미래의 일자리가 이러한 바이오 헬스케어 (bio-healthcare) 분야에서 쏟아져 나오고 있다. 엉뚱한 곳에서 돈을 벌어보겠다고 헤매지 말기 바란다.

데이터경제학(Dataeconomics)과가 강력하게 부상하고 있다. 지구촌의 수많은 데이터 중 생명산업 분야인 건강 의료 데이터를 활용하는 산업이 가장 핫하다. 많은 데이터를 동의하에 구입하여 분석하고 내 DNA에 맞는 맞춤형 AI 신약을 만들고 있는 글로벌 기업들이 많이 등장했다. 건강 의료데이터 중개 플랫폼(medical data platform) 산업에 많은 일자리가 생겨나고 있다.

현재 아시아에서는 우리나라와 홍콩이 가장 앞서 있다. 흥미로운 신 일자리 분야이면서 전 세계인의 건강을 지키고 수명을 연장하기 위한 프로젝트에 참여하기를 바란다.

'기후 미래 인문학과'는 인간이 다루는 모든 분야가 인문학이라는 점에서 출발한다. 이제는 과거와 달리 개발 분야의 전문가만이 경영을 할 수 있다. 비전공자와 경험이 없는 전문경영인은 기술을 몰라서 글로벌 기업을 경영할 수가 없는 시대가 되었다. 인문학과 출신, 인문학, 물론 순수 인문학 분야가 사라지지는 않겠지만 4차, 5차 산업혁명 시대에는 그 분야 일자리가 축소되는 것은 당연하다.

그래서 21세기 최대 재앙이라고도 부르는 기후변화와 인성의 문제를 우리 뼛속 깊이 새겨주기 위해서 만든 학과이다.

'뉴스마트팜 학과'는 미래 신농업 혁명에 대처할 수 있도록 하고, 가장 많은 일자리가 있다는 기후환경 분야 중에서도 미래식량, 미래식품, 미래에너지, 물 산업을 알려주기 위함이다. 미래생명 산업으로서 없어서는 안 되는 분야이다. 인간이 생존하고 존재하려면 식량이 있어야 한다. 미래식품의 트렌드는 급격히 변해가고 있다. 이미 커피를 비롯하여 케이크, 피자 등 많은 분야의 음식들이 3D 바이오 프린팅으로 만들어지고 있다. 물론 반드시 AI가 접목되어 있다.

10여 년 전부터 진행되어 왔던 유기농의 스마트팜에 4차 산업혁명의 핵심 분야를 융접목한 '뉴스마트팜(new smart farm)' 시장이 급격히 뜨고 있다. 바이오 농업인 6차 산업 분야에 혁명을 가져온 것이 바로 뉴스마트팜이며 바이오팜이다. 이미 전국 5곳에 스마트팜 혁신 밸리가 지정되었고, 2020년 하반기부터 본격적이고 체계적이며 지속적인 강의 교육과 실습, 체험, 견학, 시연이 이루어질 예정이다. 가서 우선 시범 강의라도 들어보자. 나의 미래 갈 길이 보일 것이다.

4차 산업혁명의 핵심 분야 초융합 글로벌 전문인력(마스터)을 배출하여 국내는 물론 글로벌 현장에 취업하고, 스타트업하고, 협업할 수 있는 능력자를 만들어 주는 것이다. 이 분야를 좀 더 연구하고 발전시켜보겠다는 학생들에게는 진학을 할 수 있도록 각급 글로벌 대학에 추천도 해준다.

만 16세 이상이 되어야 하고, 학력이나 나이 제한은 없다. 그런데 위 학과들의 융합 교수가 우리나라에는 많지 않다. 그래서 중국, 싱가포르, 영국, 핀란드 등에서 교수들을 초빙해야 하니 수업이 인문 인성 분야를 제외하고 대부분 영어와 중국어로 진행된다. 그러나 걱정 할 필요가 없다. 다 할 수 있다. 몇 달 잠 안 자고 능력자가 되어 100년을 편히 일할 수 있고 행복해진다면 누구나 노력할 것이다.

여러분들은 시간 부자가 아닌가! 무엇이든 할 수 있는 충분한 시간이 있다. 서둘지 말고 시간을 가지고 천천히 하면 된다. 대학에서 3~4년간 행해지는 컴퓨터 관련 분야가 전문학원에서 6개월~1년이면 가능해지는 과정에 착안하여 한국 글로벌 스쿨은 싱가포르의 글로벌 스쿨과는 달리 일과가 길다.

4차 산업혁명 초융합 AI형 글로벌 인재, 자유학년제 강의 중인 저자

뉴스마트 바이오팜(new smart biofarm)이 뜬다

15여 년 전부터 네덜란드, 이스라엘 등에서 시작한 스마트팜에 4차 산업혁명의 핵심 분야가 융접목된 스마트팜을 저자는 뉴스마트 바이오팜이라 부른다.

뉴스마트팜의 기본기술 설계에는 아래의 컨텐츠들이 들어간다. 자세히 살펴봐 주기 바란다. 미래생명 산업이다. 미래식량 산업, 식품산업이며, 인간에게 반드시 필요한 산업 분야이기에 지속 가능한 발전 분야이고 여러분의 일자리가 아주 많은 곳이다.

신농업 혁명! 뉴스마트 바이오팜!

농사를 짓는다고 하면 무조건 시골이나 농촌만을 생각하는데 '이제 농사는 도시에서 짓는다.'라고 생각해야 한다. 남아돌게 될 대학들의 건물들, 디지털 비즈니스의 보편화로 비어가는 도심의 사무실들에서 기후변화대응 신농법으로 6차 산업 바이오 농업을 해야 하는 시대가 오고 있다. 서울의 지하철 역사 비어있는 공간에도 이미 스마트팜이 생겨났다.

실내 농업의 가장 큰 장점은 초미세먼지와 오랜 사용으로 오염된 토양으로부터 안전하고 청정한 농산품을 생산하여 소비자에게 제공한다는 것이다.

스마트 바이오팜에는 어떤 분야에 일자리가 있는지 살펴보자. 우선 미래 신농업 혁명을 알려주기 위한 아카데미센터가 필요하다. 지역으로 돌아온 청년들이 떠나지 않고 대를 이어 살아갈 수 있는 교육공간이 필요하다. 물론 은퇴 노후를 위해 귀농, 귀촌하는 분들과 지역 주민들에게 신농업 혁명에 대한 교육 설명이 필요하다. 바이오 6차 산업에 대한 내용과 4차 산업혁명 초융합 뉴스마트 바이오팜을 알려주어야 한다. 돈이 되는 분야라는 것을 강의 교육, 실습, 체험, 견학, 시연을 통하여 알려주는 교육장이다. 분야별 강사와 전문가, 지도사들이 우선 양성되어야 한다. 이러한 전문 인력 분야도 중요 일자리다.

다음은 농사를 지으려면 당연히 지역의 기후환경을 알아야 한다. 그래서 기후변화상황실을 넣어 실시간 기후변화와 날씨 변동 등을 바이오 6차 산업가들에게 알려주어야 한다. 그리고 4차 산업혁명을 이끌어 온 기본적인 내용인 ICT(Information and Communications Technologies, 정보통신기술)와 IOT(Internet of Things, 사물인터넷) 기술이 접목된다.

필수항목인 지속가능한 에너지가 공급되어야 한다. 화석연료를 아예 사용하지 않는 '화석연료 제로팜'으로 모든 에너지는 화석연료를 대체할 신재생에너지를 활용한다. 태양에너지와 미세조류에너지만 사용해도 충분하다.

다음은 뉴스마트 바이오팜에서 가장 중요한 생산품 판매를 하여 수익을 올리기 위한 통합 플랫폼 관제센터가 들어간다. 온·오프라인(on/off line)으로 동시 판매는 기본이다. 플랫폼을 잘 만들어 앱으로 구매자들과 건강, 맛, 생산자 등의 다양한 내용을 소통하며 판매 활동을 해야 한다. 여기에 기본적으로 AI 빅데이터가 접목된다.

우리가 주문한 생산품을 3~6개월 이상 먹어본 후 내 몸의 건강 상태가 어떻게 변해 가는지, 내 DNA에 적합한지를 알고 지속해서 먹을 것인가, 바꿀 것인가, 변경할 것인가를 결정해야 한다. 이것을 AI 빅데이터가 알려준다. 그리고 블록체인 기술이 접목되어 있기에 내가 주문한 물품이 생산되어 유통 배달되는 전체 과정을 아주 투명하고 안전하게 알 수가 있다.

그리고 지속해서 생산량을 늘리기 위해, 1년에 3 ~ 5모작 이상 수확을 올리기 위한 연구개발(R&D, research and develop) 센터가 필요하다. 또 생산지에 영양물질을 뿌리거나 수확 및 배달에 필요한 드론 융합관이 들어간다. 이러한 대부분 설비를 3D프린터로 찍어내야 하므로 3D프린팅 공학관도 필수적으로 설비된다. 이러한 다양한 센터에서 일자리를 갖는다면 또 스마트팜 생산품으로 '마음 맛집 플랫폼'을 만들어 스타트업을 한다면 변해가고 있는 음식문화 트렌드와 함께 여러분의 미래는 성공적일 것이다.

식물공장(plant factory, 植物工場)이 늘어나고 있다

외부기후환경의 영향을 받지 않으면서 식물 재배에 필요한 빛, 공기, 온도, 습도, 양분 등을 인위적으로 조절하여 농산물을 생산하는 식물공장이 많이 등장했다. 기후변화로 인한 폭우, 폭설, 슈퍼태풍, 가뭄 등의 영향을 받지 않으면서도 계획적인 농산물 생산을 해낼 수 있으니 지속해서 공급이 가능하다. 매년 자연재해로 고초를 겪고 있는 우리 농가에 안정적인 수입을 가져다준다.

ISS(International Space Station, 국제우주정거장)에서 기거하는 우주비행사들과 해저 호텔에는 신선한 지구의 농산물이 제공되고 있고 최근 중국이 박차를 가하는 하늘궁전이라는 우주 호텔의 우주 여행객들에게도 식물공장 시스템의 신선한 농산품이 제공될 예정이다.

우리나라는 2009년 처음 도입되어 지금은 많은 기업이 식물공장, 도시농업, 수직농장을 경영하고 있다. AI형 미래인간 대비 미래식량 식품 산업 분야이다. 내 DNA 맞춤형 주문, 생산, 배달(유통)은 물론 건강 지키기까지 완벽하여 수명연장 프로젝트에서도 활용되고 있다.

식물공장에서 생산되고 있는 채소류, 야채류, 과일류, 버섯류 등은 현재 다양한 디자인으로 김치냉장고처럼 제작되어 판매되고 있으며, 렌털 시대에 렌트도 하고 있다. 또한 대형마트들이 생존하기 위해 은행의 개인금고처럼 개인맞춤형 가족용 실내부스를 운영하기 시작했다. 마트에 가서 이곳저곳 신선식품을 찾아 헤매지 않고 나를 대신하여 내 몸에 맞는, 우리 가족에게 맞는 식자재들을 마트에서 생산하여 운영해준다. 렌트하여 집에 가져다 놓고 AI로 농사를 지어도 일정부분 신경을 써야 하니 불편함을 없애주고 시간을 절약해 준다.

맞춤형 개인 농산품 부스 산업은 AI 헬스케어산업 시장에서 크게 주목받을 것이다. 나와 유사한 DNA에 적합한 생산품으로서 몸에 부작용이 없다는 것이 큰 장점이다. 이미 유럽 등 선진 각국의 대형마트들이 개인, 가족, 친인척, 동네 커뮤니티 맞춤형 부스를 제공하고 있으며, 주문을 받아 실내 마트 안에서 청정하게 생산하여 직접 배달해 주고 있다.

집에서 농사를 지으니 부엌 농업이라고 명명해 보았고 외부의 초미세먼지와 오염원으로부터 완벽히 보호되어 청정식재료이다. '우리 농산물은 청정지역 산골농촌에서 생산한 유기농입니다.'라고 해도 사 먹지 않는 수명연장 건강 세대들에게 어디서 생산한 농산물을 팔아야 하겠는가? 그들은 '초미세먼지와 외부의 다양한 바이러스로부터 철저히 보호받아 진정 청정한 실내 농산물'을 원한다. 물론 모든 시스템에 AI가 작동하고 있어 수확 일시를 미리 알려주니 가장 신선할 때 먹을 수가 있다. AI로 농사를 짓는 시대다.

미세조류(micro-algae) 스피룰리나(spirulina)는 공기 청정, CO_2 저감, 초미세먼지를 줄여준다

약 35억 년 전 지구는 대부분 CO_2로 덮여 있었다. 이 CO_2를 먹고 산소를 배출한 최초의 생명체가 미세조류다. 이 미세조류가 다시 미래식량으로 또 미래에너지로 인류에 크게 기여해주고 있다. 미세조류는 배양양보다 약 2배의 CO_2를 흡입한다. 그래서 IPCC에서 CO_2 흡입원으로 인정하고 있다. 단위면적으로 보면 열대우림보다 많게는 약 3배의 CO_2를 흡입한다. 그만큼 많은 산소와 청정한 공기를 되돌려 준다는 말이다.

또한 탄소배출권을 확보할 수 있다. 테슬라가 전기차 판매량에서 세계 1등이다. 테슬라의 그 엄청난 수익은 어디에서 발생하는가? 자동차를 팔아서가 아니라 화석연료 에너지 차량 판매회사에 CO_2 저감차인 전기차를 공급하고 대신 탄소배출권을 확보하여 돈을 벌고 있다. 탄소배출권시장은 EU, OECD 국가에서는 큰 국가적 수입원이 되어 있다. 우리나라도 조만간 강제적이고 규제받는 탄소배출권시장이 조성될 것이다. 기후환경 분야에 특별한 관심이 있는 학생들에게는 참으로 의미 있는 일터가 되겠다.

최근에는 가장 중요한 기후환경사업 분야로 주목받게 된 초미세먼지 저감을 위한 대안으로도 사용되고 있다. 우리나라는 1급 발암물질로 지정된 이 고농도 미세먼지인 초미세먼지로 인해 많은 사람이 다양한 질병으로 고통받고 있다.

세계적으로 초미세먼지가 많은 우리나라는 이로 인해 외국서 오는 관광객 수도 현저히 줄어들었다. 늦가을부터 겨울을 지나 봄까지 이어지는 건조기에 초미세먼지는 세계 관광객들의 발걸음을 청정한 나라로 돌려 버렸다. 파리, 독일, 영국 등 세계적인 관광대국들은 바로 이 미세조류로 배기가스, 온실가스, 초미세먼지, CO_2를 저감한다고 홍보함으로써 청정도시의 이미지를 높여 관광객을 유치하고 있다.

바로 인공 가로수와 가로등이 대표적이다. 열대우림보다 더 청정한 공기를 제공해 주고 있는 미세조류, 솔라에너지로 연중 25~30도를 유지해 주니 미세조류들이 잘 자란다.

GCCSR의 **미세조류 활용 부스**(교육박람회장)

이러한 깨끗한 곳으로 사람들이 모여드는 것은 당연하다. 구경보다 건강이 우선이니까. 또한 건강식품, 비누, 팩, 화장품, 의약품, 장류, 면류,

음료수, 마사지용 등을 포함하여 면역력을 높이는 식품으로 널리 활용되고 있다. 특히 2013년 동일본 대지진으로 일본의 후쿠시마 원자력발전소가 폭발하면서 발생한 방사능 오염 문제가 요즘 인류의 큰 문제로 등장했다. 이 때문에 도쿄올림픽도 연기되고 불참을 통보한 나라들도 많다.

세슘, 요오드, 라돈 등과 같은 방사능 오염물질을 인체로부터 어느 정도 제거해 주고 오염자들을 치료해주며 예방해 주는 역할도 한다. 이렇듯 미세조류 스피룰리나는 인류에 참 많은 도움을 주고 있다.

미세조류의 다양한 체험학습 중인 학생들(교육박람회장, GCCSR)

미세조류는 또한 미래에너지로서 조류기름으로 사용되는 시대가 왔다. CO_2가 발생하지 않고 미세먼지를 최소화하는 청정에너지가 미세조류 에너지이다. 코로나 시대를 겪으면서 인류의 건강을 최우선으로 하는 시대가 되었다. 정부와 에너지 회사들은 적극 조류기름을 활용하여 국민건강을 위하고 나아가서 에너지 독립국이 되고 에너지 수출국으로 가는 길을 만들어야 우리 청년들에게 더 많은 일자리를 찾아줄 수 있다.

스피룰리나 보급키트, GCCSR

각급 학교에 비싼 공기청정기를 설치할 것이 아니라 바로 미세조류를 배양하게 하면 된다. 세계기후변화상황실 (GCCSR)에서는 2009년부터 각급 학교에 CO_2 흡입원으로서 미세먼지 저감용 및 공기청정원으로 키트화하여 보급하고 있다. 또한 시멘트의 인체 유해물질들을 줄여주는 친환경 건축자재로도 보급하고 있다. 그렇게 직접 배양을 해야지만 바로 여러분들이 탐구정신, 실험정신, 기록정신을 고양해 4차 산업혁명 초융합 AI형 글로벌 인재로 성장할 수 있다.

세계기후변화상황실(GCCSR)

미세조류 **스피루리나 균주 배양**

세계기후변화상황실
Global Climate Change Situation Room

미래 바이오 신농업이 뜬다

바이오 헬스케어 산업에서 가장 중요한 분야는 위에서 언급한 미래 신농업과 제약기술이 융합하여 면역력을 최대화한 건강식품 산업이며 바로 미래 바이오 신농업 분야이다. 건강식품 산업으로 소일런트(Soylent, 맞춤형 미래식품)가 뜨고 있다. 2022년경이 되면 GMO(유전자 변형) 식품과 약제 농업이 보편화될 것으로 예측하고 있다. 급격한 기후변화로 미래농업도 기술 면에서 빠른 변화가 이루어지고 있다.

새로운 기후변화대응과 환경오염 대안 미래식량과 식품 산업으로 배양육 산업(in vitro meat)이 뜨고 있다. 공장에서 육류를 배양한다. 축산농가에서는 배양육 재단을 운영하고 있다. 배양육 산업이 축산농가의 새로운 소득대안이자 신농업으로 2025년경 보편화될 전망이다. 우리나라에서 배양육 삼겹살 만들기가 성공하여 2021년부터 판매가 된다.

또한 해수농업과 고령화 튜브식품 등이 미래 음식문화의 트렌드를 바꾸고 있다.

음식 프린터기가 상용화되는 2035년경에는 요리사와 식당이 소멸하기 시작할 것이다. 다양한 미래 단백질 보충 재료로 곤충과 벌레 식량 사업도 환경오염 대안산업으로 활성화되고 있다.

우리도 영앤리치(young and rich)가 되자

여러분이 화를 내더라도 이 말을 해야겠다. 당연히 부모님으로부터 부를 물려받은 사람들과 캥거루족들은 예외다. 요즘은 코로나(COVID-19)로 인해 글로벌 세미나, 워크숍, 심포지엄 등이 많이 취소되고 온라인상에서 이루어지고 있다. 세계 곳곳에서 벌어지고 있는 아주 다양한 글로벌 행사장에 들어가 보라. 영앤리치들이 대거 포진하고 있는 모습을 볼 것이다. 당당히 단상에 올라와 나는 이러한 분야를 어떻게 공유하여 이렇게 많은 돈을 벌었다고 큰 소리로 말하고 있는 20대, 30대의 모습들을 볼 수 있다.

그들이 특별한 기술을 가진 것도 아니고, 돈을 많이 투자하여 기업을 키운 것도 아니다. 가장 큰 자산이 바로 글로벌 시대 3대 덕목을 갖춘 재능 있는 능력자이기 때문이다. 그들은 글로벌 언어인 세계 공용어를 구사하며 위의 다양한 글로벌 행사와 SNS 등에서 소통을 한다. 그리고 컴퓨팅스를 알고 있다. 능력자가 되는 방법을 우리는 익히 잘 알고 있다.

여러분도 우리나라뿐 아니라 글로벌 백화점에 자주 등장하는 신흥 부자군단으로 살아가자. 나도 뭔가 실감 나게 자랑할 수 있는 플렉스하며 살아보자. 잠자는 시간도 줄이고, 쓸데없는 SNS로 시간 낭비 하지 말고, 게으름 피우지 말고, 항상 페이스(pace)를 유지하는 부지런한 삶으로 승부를 보자.

인공지능(AI)은 인간지능을 능가할까

빅데이터 기반의 AI를 장착한 로봇들이 또는 단순하게 그냥 AI라고 부르는 '인공지능들이 인간의 일자리를 빼앗아 간다.'라고 말하고 있다. 이 말은 틀린 말이다.

AI 로봇들은 우리 인간의 일을 대신에 하고 대체해 주는 것이다. 대신 AI를 컨트롤하고 매니징하는 분야에 엄청난 인간의 일자리들이 있다. 하나가 없어지면 또 다른 무언가가 생겨나는 것이다. 더 세분되어 더 많은 일자리를 제공해 준다. AI, 로봇, 빅데이터 분야에 무수히 많은 미래일자리가 있다. 앞에서 언급했던 2020 ~ 2030년경에 부상하여 상용화, 보편화되는 미래일자리를 참고 바란다. 인공지능과 공존해야 하는 시대이다.

또한 우리는 급속히 1인 1로봇을 갖는 시대로 접어들고 있다. 유아이패스 로봇 프로세스 자동화(UiPath Robotic Process Automation, RPA) 플랫폼은 4차 산업혁명의 원동력이라 할 정도이다. 모든 조직과 기업들이 전례 없는 규모로 디지털 비즈니스로의 운영전환에 필수적으로 활용 중이다. 스마트 자동화다. 우리도 AI 활용 제조 플랫폼이 정부주도로 구축되어 있다.

로봇하면 기존의 공장 생산라인의 기계로만 생각했다면 RPA는 소프트웨어로 구현된 사무직을 위한 로봇으로 이해하면 되겠다. 코로나 시대 언택트 문화 정착에 따라 다양한 웨비나로 집에서도 쉽게 접하고 배울 수 있도록 단계별로 잘 전달해주고 있다.

AI가 한없이 진화하여 자체적 확장력과 스스로 모든 일을 처리할 것이라는 환상은 버려야 한다. 물론 기계적 배움(machine learning)을 통해 또 엄청난 빅데이터를 가지고 인간이 상상할 수 없는 일들을 아주 간단히, 수십, 수백 배나 빠른 속도로 처리해간다. 인간은 바로 이들을 다룰 수 있다. 인간의 삶은 AI 덕분에 더욱 편리하고 윤택해진다. 반려 로봇, 이성파트너, 모든 가전제품, 변호법률업무, 증권 주식 분석, 의료건강 데이터 분석, 맞춤형 신약 개발, 교통수단, 뉴스마트 바이오팜의 미래식량 생산은 물론 AI 교사와 교수 등 우리 인간 생활과 완전히 일체 되어 함께하고 있다.

여기서 우리는 AI들의 계급화와 빈부격차도 간과해서는 안 된다. 현명하고 능력자이자 재능인 주인을 만난 AI는 기고만장하여 여타 AI들을 지배하려 할 것이다. 이러한 사고방식은 우리 인간에게서 배우는 것이며, 그들이 이러한 인간의 이기적인 사고를 활용하고 더 험악하게 발전시켜나가는 것을 우리는 막아내기 힘들 것이다. AI 만능시대에 AI 빈곤으로 살아서는 성공하지 못한다.

그러나 AI 로봇들은 인간만이 가지고 있는 EQ, CQ와 TQ가 부족하다. 인간적 감수성과 창의 창조하는 인간의 본능은 가지고 있지 않다. 인간은 일론 머스크의 뉴럴링크 등을 통해 슈퍼휴먼 되어 슈퍼 AI를 지배하기 위한 다양한 노력도 병행하고 있다. 그래서 항상 인간이 AI를 다룰 수 있게 된다. 생산 노동은 AI가 하고 산업 분야별 융접목은 인간이 한다. 너무 큰 걱정은 하지 말고 능력자가 되기 위해 하루에 몇십분이라도 우리들의 AI를 위해 시간을 할애해야 한다. 지금 당장!

생각으로 일을 처리하는 시대다

세계 각국의 분야별 전문가 석학들과 글로벌 기업의 CEO들이 참가하여 놀라운 신기술과 미래예측에 대해 발표를 하는 글로벌 리더스 포럼(Global Leaders Forum)의 2017년도 주제가 이미 '싱귤래리티(Singularity) 시대'였다.

백과사전에는 이렇게 설명되어 있다. 양적으로 팽창을 하다가 질적인 도약을 하는 특정 시점을 말한다. AI가 인간의 지능을 초월해 스스로 진화해 가는 기점(기술적 특이점)을 뜻하기도 한다.

이 시점에 다다르면 AI는 자신보다 더 뛰어난 AI를 만들어 내고 사람은 더 이상 AI를 통제할 수 없게 된다고 한다. 이 기술적 특이점이 언젠가 반드시 도래한다고 믿는 사람들을 싱귤래리티리안(Singularitirian)이라 한다. 이 분야도 많은 연구를 거듭하고 있으며 미래학자들이 주도하여 싱귤래리티 대학도 설립하였다. 그러나 대부분의 미래학자는 인공지능은 결국 인간지능을 능가할 수 없다는 결론이다. 물론 수리분석 등 몇 가지 분야에서는 당연히 인간지능을 훨씬 앞서는 분야도 있다.

세계 70여 개 나라에 대표부를 두고 있는 밀레니엄 프로젝트[Millennium Project, MP, 대표자 제롬 글렌(Gerome Glenn)]가 대표적인 미래연구 국제기구이다. 저자가 MP 한국대표부를 공동 설립하였고 현재 사무총장을 맡고 있다.

대표적인 싱귤래리티리안인 미래학자 레이 커즈와일(Ray Kurzweil)은 《특이점이 온다(The Singularity Is Near)》(2005)라는 저서에서 2045년 특이점이 올 것으로 예측한 바 있다. 호세 코르데이로(Jose Cordeiro) 교수는 저자가 번역한 저서 '트랜스휴먼과 미래경제(Transhuman & Future Economy)'에서 의식기술의 전성시대가 사회경제 분야에서도 곧 온다고 예측하고 있다.

소위 재능을 가진 능력자들의 전성시대라고 할 수 있다. 2030년경이 지나면서 의식기술의 시대(Conscious-Technology), 생각으로 일을 처리하는 시대, 뇌 품 파는 시대로 가게 된다. 얼마나 편리한 세상으로 가게 되는가! 단 능력자만이 가능한 일들이다. 우리가 모두 능력자가 될 수 있다. 게으르지 않고 지속해서 글로벌 인재의 덕목 3가지라도 열심히 하면 될 수 있다. 그리고 그 포럼의 2018년 주제는 세상을 바꾸는 기술 중의 하나, 제2의 인터넷이라고까지 부르는 '블록체인(blockchain) 기반기술'이었고, 2019년 11월에 개최된 포럼의 주제는 기후변화(Climate Change)였다. 2020년 포럼 개최는 코로나(COVID-19)로 불분명하다. 아마도 온라인 화상회의로 진행될 것이며 주제는 포스트 코로나(Post COVID-19, 코로나 시대 사회 대변혁)가 될 것이다.

생각만으로 하고자 하는 일들을 처리할 수 있는 능력자가 되자!

AI 디지털 업무 대전환 : 전 세계가 플랫폼이다

플랫폼(platform), 기차가 들어오는 길목에서 기차를 타고 내리는 그곳을 일반적으로 플랫폼이라 불러왔다. 컴퓨터가 상용화 보편화되면서 또 다른 의미로 확장되었다.

컴퓨터의 운영 체제를 의미하던 플랫폼이 최근 하나의 장(場)이라는 광의의 의미로 확대된 것은 스마트 혁명의 역할이 크다. 스마트 혁명의 주역들인 애플, 구글, 아마존,

트위터, 페이스북과 같이 세상을 뒤흔들며 시장을 주도해 나가는 글로벌 기업들의 공통점은 바로 이들 모두 플랫폼을 기반으로 성장한 기업이며, 자사만의 독특한 플랫폼을 구축하는 데 성공했다는 것이다.

코로나 시대 글로벌 기업들이 생존하기 위해서 가장 먼저 하는 일이 인력 재배치이다. 코로나 시대 뉴노멀과 언택트 문화에 발 빠르게 대처하지 못한 기업들은 수익이 줄어들면서 인건비를 줄여 수익 부족분을 채워가려 한다. 그 방법의 하나가 플랫폼과 AI 디지털로의 업무 대전환이다. 그리고 고용인력들은 코로나 이전과 같은 급여를 받을 수도 없다.

플랫폼이 무엇이며, 어떻게 개발하고, 실현하고 사업화에 성공하는지는 자료가 아주 많다. 여러분들이 활용하고 있는 모든 앱이 플랫폼이다. 분야별로 플랫폼화되어가고 있다. 그래서 이미 주목받고 있는 미래 고소득 직업군으로 플랫포머(platformer)의 예를 들었다.

전 세계 모든 사회 분야, 과학기술 분야뿐 아니라 정치, 경제, 문화 분야 등에서도 플랫폼은 자리를 잡아가고 있다. 4차 산업혁명 시대 초융합 AI형 글로벌 인재의 3대 능력 중 하나가 컴퓨팅스(computings)라 했다. 그 컴퓨팅스 안에 플랫포밍(platforming)이 있으며, 개발하고 사업화하여 돈을 벌고 있는 사람들, 즉 플랫포머(platformer)와 지속해서 새로운 플랫폼을 만들어가는 디벨로퍼(developer)가 있다.

엄청난 영향력을 발휘하고 있는 인플루언서(influencer)들이 신흥 갑부로 등장하고 있다. 지금은 여러 가지 플랫폼을 융합하는 전문가들이 뜨고 있다.

그리고 이들 플랫폼을 기술적으로 모든 이들이 손쉽게 활용할 수 있도록 도와주는 전문가 집단인 프로그래머(programmer)들이 있다. 또 운영 중에 문제가 발생했을 때 해결사 역할을 해주는 솔루셔너(solutioner)들이 있다. 플랫폼 기술뿐 아니라 사회 다양한 분야에서 다양한 문제들을 해결하기 위해 노력하고 있는 사람도 솔루셔너라 부른다.

솔루셔너들이 갖추어야 할 필수요소가 빠른 판단력, 신속한 결단력, 의사결정 능력을 갖춘 리더의 자질이다. 물론 요즘은 컴퓨터기술 외적 솔루셔너들이 같이 주목받고 있다. 무엇을 하든지 플랫폼 위에서 솔루셔너로서의 역할을 하자. 온 세상이 플랫폼이다.

하나는 주의하자. 일상화된 일거리 당, 건당 근로자로 플랫폼의 노예는 되지 말자. 우리의 틈새 알바생들이 대부분 그들의 플랫폼 속 노예들이 되어 헤어 나오지 못하고 있다. 모두가 앱을 통해서 일을 지시받고 일을 끝내면 수고

비와 수당을 챙기는 이들, 서글픈 현실이지만 앱이 사장이
고 앱이 대장이다.

나만의 통합 플랫폼을 구축하여 능력자가 되려면 세상을
관찰하는 힘과 공유하는 힘인 NQ를 높여야 한다. 그리고
내 마음 가게인 플랫폼에 탑승한 고객들의 심정을 잘 읽어
낼 수 있는 인문학적 인성갑의 힘을 가져야 한다. 당연히
글로벌 메가트렌드를 파악하는 능력인 TQ를 높여야 하고
글로벌 마인드와 프레임을 구축해야 한다.

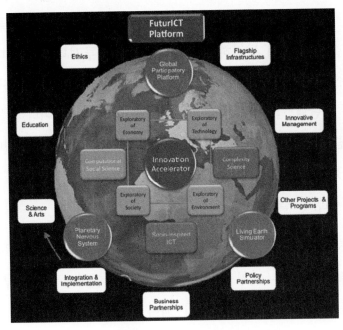

세계가 플랫폼이다. FuturICT Platform, MP

그리고 떠나라. 2020년의 신 실리콘밸리(Silicon Valley, 미국의 캘리포니아주 샌프란시스코만을 둘러싼 샌프란시스코반도 초입에 위치하는 샌타클래라 일대의 첨단기술 연구단지)라 부르는 중국의 선전(Shenzhen, 深圳, 홍콩 인접의 중국 광둥성에 있는 신흥 산업도시)으로 가보라. 저자는 7년 반을 홍콩에서 살며 매주 그곳 선전의 발전과정을 지켜보았다. 세계 최고의 5G 기술을 보유한, 상암동 월드컵축구경기장의 10배나 되는 넓은 공간에 자리하고 있는 화웨이(华为技术有限公司) 본사도 이곳에 있다. 중국하면 막연히 가지고 있는 우리보다 못사는 나라라는 어설픈 고정관념에 사로잡혀 있는 이들은 선전을 보고 너무 놀라 뒤로 넘어지지 않게 조심해야 할 것이다.

중국 선전에 위치한 화웨이 캠퍼스

어겐스트 에이징, 수명연장의 시대가 왔다

노화 방지(anti-aging)나 노화 예방이라는 말은 오래전부터 들어왔다. 늙어가는 속도를 좀 줄여보자는 용어이다. 요즘은 어떤가? 이미 어겐스트 에이징(against-aging, 노화 역전) 시대가 왔다. 늙어감을 중단시켜보자는 언어다. 수명연장(life extension) 프로젝트에 속하는 바이오 헬스케어(biohealthcare) 산업 분야의 빠른 성장으로 인간은 늙지 않고 건강하게 기대수명 이상을 살아보자는, 더 나아가 영구히 살아보자는 학자들의 연구활동 분야이다.

저자의 기대수명은 120세이다. 어떻게 하면 오랫동안 건강하게 살다가 편하게 그리고 멋있게 죽을 수 있을까? 죽음 설계디자이너들이 일정의 답을 주겠지만 그래도 세계 각국의 의학계뿐 아니라 미래학계, 문화계 등 다양한 분야에서 건강하게 오래 살기 운동이 펼쳐지고 있다.

미국의 존스홉킨스의대 스타타업으로 시작한 인실리코 매디슨(Insilico Medicine)의 알렉스 자바론코브(Alex Zhavaronkov) 교수 등이 인간 건강 의료데이터 플랫폼 회사로부터 세계 곳곳의 의료데이터를 수집하여 분석하고 개인별 DNA 맞춤형 AI 신약을 만들어 사업화에 성공하고 있다. 라이프 데이터 플랫폼(life data platform) 기업들이 데이터 경제학의 붐과 함께 뜨고 있다.

환자나 선수들의 아픈 부위를 전 세계 의료빅데이터 플랫폼을 기반으로 각 개인의 DNA 맞춤형 신약을 개발하여 건강한 삶과 수명연장에 큰 도움을 주고 있다. 물론 신약 개발도 AI들이 큰 역할을 하고 있다. 국내에도 인공지능(AI) 병원들이 많이 늘어났다. 얼마나 매력적인 분야인가? 수명연장, 바이오 헬스케어 분야는 매우 주목받는 미래 신 직업군이다. 부모님과 형제자매 그리고 주변의 친지와 친구들이 아프지 않고 건강하게 함께 오래 살 수 있다면 나 또한 행복하고 좋은 일 아닌가!

수명연장 방안에는 여러 가지가 있을 것이다. 호르몬 교체, 장기 교체, 효소 유전자 교체, 유전자 편집기술 등이 의료용 나노봇(Nanobot)과 같은 마이크로 의료공학의 발달로 가능해졌다. 특히 노화를 질병으로 보고 모든 질병은 치유 가능하다는 이론이다.

기후변화와 지구촌 환경의 변화로 발생하는 전혀 새로운 신종질병이 등장하고, 코로나처럼 신종 바이러스가 창궐하는 시대에 내 가족과 우리 국민과 인류의 건강을 지킨다는 사명감도 가질 수 있어 매우 의미 있는 직업과 사업 분야이다.

오픈 플랫폼, 지구신경망이 구축되었다

국가기관이나 개인 그리고 민간 기업들이 보유하고 있는 공개 가능한 정보를 모든 사람이 자유롭게 활용할 수 있도록 다양한 방법을 제공하는 컴퓨터나 모바일(스마트폰) 플랫폼이 열려있는 오픈 플랫폼(open platform)이다.

빠르게 변하고 있는 4차 산업혁명 시대(후기정보화사회)에는 모든 정보를 신속하게 습득할 수 있는 체계를 갖추어야 하며, 그 체계를 기업경영에 적용해야 한다는 의미이기도 하다. 마이크로소프트사의 회장이던 빌 게이츠가 1999년 저서 《비즈니스 @ 생각의 속도》에서 사용한 말이다.

소유의 시대 종말, 천재의 시대 종말, 내 것은 없다! 라고 표현하면 되겠다. 모든 자료와 정보가 공유되고 있는 시대이기 때문에 굳이 내 것이라고 표현하기 힘들다는 말이다.

좋은 생각과 새로운 컨텐츠와 아이디어가 떠올랐다고 다 내 것이 아니다. 모든 것이 초연결되어 지구촌 신경망으로 작용하고 있다. 모든 것이 오픈되어서 내 것은 없는 시대가 되었다. 공유협업의 시대가 왔다. 그런데도 자꾸 내 것을 내세우는 욕심과 고집은 실패의 지름길이다.

자율주행차, 지능형 무인차의 등장으로 사라지는 직업들

자율주행차(自律走行車, 无人驾驶汽车, wú rén jiàshǐ qìchē, self-driving car)가 등장한 지가 이미 10여 년이 지나고 있다. 우리나라도 이제는 상용화를 앞두고 있으며 관련법 규정이 개정되고 있다. 2019년 10월 16일에 정부는 2025년부터 자율주행차 상용화를 이룬다고 발표했다.

운전자가 브레이크, 핸들, 가속 페달 등을 제어하지 않아도 도로의 상황을 파악해 자동으로 주행하는 자동차이며, 정확하게는 AI형 무인자동차(driverless car, 운전자 없이 주행하는 차)와 다른 개념이지만 혼용되어 사용하고 있다.

이미 상용화되어 있는 구글이 개조한 무인자동차 프리우스(Prius)에는 차 전면에 레이더 센서, 비디오카메라, 각종 센서, 자동차 조종 AI, 기술조합기기 그리고 무인항법장치 등이 장착되어 있다. 도로를 달리면 자동으로 충전되는 지능형 전기차 도로 시스템도 등장했다.

중요한 것은 자율 차와 지능형 차가 등장하여 사라지는 직업들이다. 교통 혼잡이 자연히 없어지니 교통순경과 교통카메라, 교통 신호등, 과속단속 경찰, 과속단속 카메라와 관련 기기들, 과속위반 티켓 및 발급 절차, 급정거로 인한 도로 손실은 더 이상 없어진다고 봐야 한다.

또한 현재 교통체계 솔루션도 사라지고, 교통방송국과 교통방송인, 안전띠, 에어백 등도 사라진다. 각종 안전의자 사업도 쇠퇴하고 자동차 디자이너가 완전히 변화된다. 고속도로 톨게이트 요금수납원, 자동차 세일즈맨, 자동차 대리점 등도 함께 사라지게 될 것이다.

운전할 필요가 없으니 당연히 음주운전으로 인한 대리운전기사가 사라진다. 자동차 면허증 발급기관과 면허증 소멸과 함께 지금과 같은 자동차 면허시험장도 사라지게 된다. 물론 다른 형태의 차량 소지 및 차량의 도로 진입증 등이 등장할 것이며, 자동차도 각자의 취향에 맞게 찍어 내주는 시대로 가게 되어 자동차제조업체가 맞춤형 자동차 렌털회사의 역할도 할 것이다.

무인자동차 렌털 서비스산업과 무인자동차용 청정에너지산업, 무인자동차용 기기 및 장비산업과 무인자동차 콜센터 사업 등이 급속히 부상할 것이다. 이미 미국의 구글과 택배회사인 페덱스 등에서 상용화한 무인택배 서비스도 선진 각국에서 상용화되어 가고 있다.

무인자동차 관리인, 무인자동차 수리전문가 그리고 무인자동차 콜 개인정보 처리 솔루셔너와 무인자동차 교통체계 운행 솔루션 프로그래머도 핫하게 뜨고 있다. 무인자동차와 사람을 연결하는 네트워크 시스템 모바일 앱 개발자, 무인자동차 사용 지불 시스템 개발자와 AI형 도로 건설사업자 등도 뜨고 있다.

전기 및 수소 구동 자동차 스타트 업인 니콜라 모터스(Nikola Motors)의 주식은 200억 달러(약 23조 원) 이상으로 평가할 수 있을 정도로 급등했으며, 이는 미국의 가장 큰 2개의 재래식 자동차회사인 포드와 피아트 크라이슬러의 가치를 능가하는 총액이다. 일반 석유엔진 자동차의 종말을 알려주고 있다. 한국판 뉴딜에도 포함되어 있다.

2020년이 지나며 상용화되어 부상하는 미래직업들

이미 상용화 보편화되기 시작한 직업군에서 향후 여러분을 기다리고 있는 능력자들의 일터와 일자리들이다.

1. 인공장기 취급·중개 전문가(Artificial Organ Agent)
2. AI 시스템 모니터 전문가(AI Systems Monitor)
3. 죽음 설계 디자이너(End-of-Life Planning designer)
4. 지구촌 자원공급 균형 전문가, 탄소배출 전문가
   (Traceability manager)
5. 인공비·구름 조절가(Cloud controller)
6. 수소연료 주유소 유통 매니저(Hydrogen fuel station manager)
7. 우라늄 리사이클링전문가, 재생 회수전문가
   (Uranium recycler)

8. 기계 엔지니어, 제품디자인 융합엔지니어

(Mechatronical engineer)

9. 자동수선 신소재 컨설턴트

(Metal skin consultant: 배, 우주선 등)

10. 가상빌딩, 가상시장, 가상제품 서비스 디자인 설계사

(Digital architect)

11. AI 로봇, 웨어러블 로봇관리 엔지니어

(건설 현장, 전쟁터, 화재 현장 등 위험한 환경 및 현장에서 일할
Powered exoskeleton engineer)

12. AI 로봇 정밀수술, 개인 건강관리 로봇기술자

(Personal AI-bot mechanic)

13. 브랜드관리, 기술변천관리 설명, 단순화 컨설턴트

(Simplicity consultant)

14. 아바타 디자인 보안컨설턴트

(Avatar design-security consultant)

15. 지역특화산업 유통플랫폼 전문가

(Local platform entrepreneur)

16. 바이오 정보관리사

(유전자정보, 의료실험기술 전문가, Bioinformationist)

17. 지오미생물학자(환경오염 제거, 관리사, Geomicrobiologist)

18. 실험치료사

(부상 치료기술 실험하는 치료사, Experimental therapist)

19. 온라인교육 브로커(학생과 부모들에게 제공할 학습패키지, 지구
    촌에 존재하는 다양한 코스나 교과과정, 모듈 개발 전문가, Online
    education broker)

20. 우주여행 가이드(버진항공 버진 칼락틱 2012년부터 우주여행 가
    이드 모집, 훈련 중, Space tour guide)

21. 유전자 변형 친환경 바이오 농업 전문 사업가
    (Bio-farmer, bio-agricultural entrepreneur)

22. AI 병원 컨설턴트
    (로봇의 수술 대체, 전문간호사, AI Hospital consultant)

23. 개인 맞춤형 식품구매 서비스전문가
    (내 DNA에 맞는 균형 잡힌 영양공급, 유기농식품 소스 찾기 전문가,
    Personal food shopper)

24. 구매 보조자(온라인쇼핑 셀프서비스 스캐너, 물건 재고정리 보조
    자, Shop assistant)

25. 노동조합 조직가
    (노조 가입인구 급감으로 과학기술 분야 노조조직 전문가, Union
    organizer)

26. 3D 건축 건설 기술자(3D construction worker)

27. 군인을 대신할 AI 로봇, 무인자동차 조종 군인
    (AI Soldier controller)

28. AI 법률가(법률서비스는 대부분 무료화, 인간 설득력 가진 자,
    AI lawyer & AI politician manager)

29. 사이버 작가(로봇매뉴얼, AI Writer)

30. 사이버 연예인(Entertainer & Artist)

31. 간병전문가, 사이버창녀, 세금징수 관리원
(Caretaker, AI prostitute, tax collector)

32. 글로벌 스쿨 학교 행정가(글로벌 창업학교, 평생대학원 증가,
Global school Education Administrator)

33. 유전자 상담자
(유전자 질병 설명, 환자 상담, DNA Genetic Counselor)

34. 정부 프로그램 평가사, 결과 평가사(Program Evaluator)

35. 글로벌 비즈니스 개발 인력관리 전문가
(글로벌 시대, Corporate Executive in Global Business Development
or Global Workforces)

36. 인지 행동 치료사(Cognitive-Behavioral Therapist)

37. 글로벌 플랫폼 프로젝트 사업계획서 작성 전문가(글로벌,
정부, 지자체 지원, Platform Researcher)

38. 건강 의료데이터 중개업자(Health Data Agent/Broker)

39. 가상현실 플랫폼 세일즈맨(VR Platform Salesman)

150년을 산다. 100년을 일해야 한다

미래에 하고 싶은 일들, 되고 싶은 사람을 생각하며 닮고 싶은 인물들이 있을 것이다. 우리는 그들을 능력자, 재능인, 창조자라고도 부른다. 결론적으로 돈도 벌고 인류공헌도가 남다르기 때문이다.

듣보잡이 되어 여기저기 기웃대지 말고, 진정한 일자리, 사업거리, 장삿거리가 있는 4차 산업혁명 핵심 분야에서 놀아보자. 특히 100년 동안 일할 수 있는 분야에서 놀아라. 앞으로 100년, 아시아의 시대에서 아프리카의 시대로 더 나아가 우주공장 산업시대로 넘어가는 시대에 우리에게는 어떤 일자리가 있을까?

미래의 일자리 부분에서 언급한 일자리들은 대부분 이미 상용화 보편화 되어가고 있고 그중의 한 일자리가 수십 가지의 새로운 일자리를 또다시 창조해낸다. 우리 인간과 AI가 함께 일자리를 만들어주고 있다. 다른 할 일들도 많이 생각하겠지만 세계시장을 움직이는 글로벌 리더들은 대부분 이 분야에서 일하고 있으므로 저자도 여러분들에게 20대, 30대를 이 분야에서 보내보라고 말하는 것이다. 반드시 여러분을 기다리고 있는 분야가 있을 것이다. 능력자가 된다면 그중에서 무엇이든 해낼 수가 있다.

인간이 존재하는 한 건강하게 오래 사는 방법을 알려주

는 사업 분야는 당연히 돈도 벌고 존경받는 분야일 것이다. 여러분들의 또 다른 하나의 큰 미래일자리 축이 될 것임은 분명하다. 그래서 의사가 되라는 것이 아니다. 일반 외과나 내과 수술 의사들은 2025년이 지나면서 감소하기 시작한다. AI 로봇들이 아주 정밀하게 수술과 시술을 해줄 것이다.

아무리 힘들어도 꾸준히 정해진 운동을 해야 한다. 물론 고민이 있고 짜증이 나고, 마음이 편하지 않은데 운동할 마음의 여유가 있겠는가. 그래도 해보니 다 되더라. 운동으로, 가끔은 격한 운동으로 그 스트레스를 해결할 수 있다. 특히 활동적이고 감정 우월적인 우뇌인들은 더욱 그러하다. 운동할 때는 그 고민거리들을 잠시 잊을 수가 있으니 더 나을 수가 있다. 좌뇌인들은 차분하고 이성적인 면이 많으니 명상과 운동을 함께 해주면 더욱 좋겠다. 운동하면 좋아지는 것이 비주얼이다. SQ를 키워야 길게 일할 수 있고 일을 해야 행복한 법이다!

출산율 저하에 따라 미래의 직업이 변하고 있다

인구가 감소하니 자연적으로 어린이집, 유치원, 학교, 학원 등의 교육 사업은 쇠퇴한다. 또한 AI 중매가 더 신뢰할 수 있으니 결혼 중매사업과 웨딩사업도 급격히 쇠퇴할 것이다. 스몰 웨딩이 수년 전부터 진행되어 왔고, 코로나 시대 언택트 문화의 급격한 정착으로 예식장에서, 호텔에서 거창하게 하던 결혼의 풍습 또한 작고 온라인으로 변해가고 있다. 혼족이 늘고 결혼 인구도 줄어드니 예식과 웨딩사업 또한 당연히 쇠퇴한다. 따라서 파티문화의 쇠퇴, 이벤트, 여행 및 엔터테인먼트 분야도 쇠퇴할 것이다.

AI가 또 다른 빈부격차를 가져온다

사회 모든 분야에서 우리 인간에게 엄청난 혜택을 주는 AI가 2025년경부터 또 다른 삶의 큰 격차를 초래할 것이다. AI 활용과 혜택의 격차라 할 수 있는 지식의 격차가 결국에는 소득격차로 이어지고 빈부의 격차로 나타나게 된다.

AI를 알아야 돈을 번다. 미래를 알아야 돈을 번다. 미래를 알아야 진로가 보인다. 세계적인 글로벌 기업의 CEO들과 갑부들의 말을 다시 보자.

"왜 세계 최고의 기업들은 AI 기술에 사활을 걸고 있는 가!" "컴퓨팅은 모바일 퍼스트(first, 우선)에서 인공지능 퍼스트로 전환되고 있다!" 인도 출신의 현재 구글 CEO인 선다 피차이(Sundar Pichai)가 한 말이다. 글로벌 인재 3대 덕목 중 하나가 컴퓨팅스(computings)라고 여러 차례 언급했다.

"인공지능이 모든 산업을 다시 정의할 것이다!" 일본 최고의 갑부였고 재일교포3세인 손정의 일본 소프트뱅크 회장이 말했다. "대한민국이 살길은 AI뿐이다."라고 했다.

마이크로소프트 CEO인 사티아 나델라(Satya Narayana Nadella)는 "인공지능으로 대변되는 시대가 도래했다!"라고 말했다. 그도 또한 인도출신의 성공한 CEO이다. 무서운 인도 파워이다. 우리 대한민국은 바로 여러분들이 글로벌 파워이다.

글로벌 기업들의 AI에 대처하는 전략을 보자. 유통회사였던 아마존은 고객의 소비행동에 대한 데이터를 수집하고 AI가 이를 분석해 물류에 적용하여 세계에서 가장 비싼 상장기업으로 변신했다. 글로벌 패스트푸드점인 맥도날드는 매장 주문시스템의 효율성을 높이기 위해 AI 창업 천국이라 하는 이스라엘의 AI 벤처기업을 인수한다.

미디어 공룡 넷플릭스(Netfix)는 AI가 고객 데이터를 분석, 개인의 취향에 맞는 컨텐츠를 추천하는 큐레이션(curation, 다른 사람이 만들어놓은 컨텐츠를 목적에 따라 분류하고 배포하는 일을 뜻하는 말) 기술로 전 세계 시장을 장악했다.

모든 글로벌 기업은 지금 AI 기술 도입에 열을 올리고 있다. 왜일까? 바로 미래 비즈니스의 답이 AI 기술에 있기 때문이다. 더 이상 머뭇거릴 시간이 없다. 중국이 유치원부터 AI를 가르치는 이유를 알아야 한다. 먼 훗날 그들이 글로벌 시장과 글로벌 기업의 주인이 될 것이기 때문이다. 새로운 부의 기회가 AI 비즈니스에 달려 있다. 엄청나게 무시무시한 일자리가 여러분을 기다리고 있다.

기록정신, 탐구정신, 실험정신을 키우자

유치원과 초·중·고등학교 때에는 많은 경험, 체험, 견학, 실습, 시연을 직접 해보는 것이 매우 중요하다. 내 손으로 내가 직접 해보아야 내 것이 될 수 있다. 메이커 시대다. 미래 성공의 열쇠라고 할 수 있는 실험정신을 키워준다. 매번 기록을 하여 기록 정신도 키우고, '왜?' 라는 탐구정신도 배양하면 글로벌 리더 그룹으로 살아갈 수 있는 '글로벌 시대정신' 을 키울 수 있다.

코로나 시대 비대면의 화상교육인 온라인사이버 교육이 정착되고 있다. 그러나 여러분은 최대한 안전을 유지하면서 다양한 경험적 커뮤니티 활동을 하여야만 한다.

AI, 로봇, 빅데이터, 바이오 헬스케어, 뉴스마트팜, 미래에너지 등을 선정하여 전국에 산재해 있는 체험과 실습교육장 및 시연과 견학을 할 수 있는 다양한 교육장을 가 보아야 한다. 부지런히 찾아가서 배우고 익혀서 능력자가 되자. 부모님과 함께하거나 뜻이 맞는 친구 한두 명과 함께 가라. 새로운 세상이 여러분을 기다리고 있다.

축소되고 있는 공무원 조직 중 영향력을 행사하며 지속 가능한 부서

2022년을 지나면서 우리나라의 공무원 조직과 공무원(civil servant, 시민을 위해 일하는 사람들)들이 감소하기 시작한다. 지금 중·고생들의 부모님들은 아직도 공무원이 가장 안정적이고 편한 직업이라고 말한다. 그래서 공무원이 되기를 희망한다. 전국에 공무원시험 대비 학원들이 넘쳐난다. 2030년 안에 반 이상이 사라지는 학원들이다.

그런데 어쩌나? 공무원도 사라지고 있는 직업군이다. 중·고등학생들이 사회에 나오기 시작하는 2030년경이 되면 약 30% 정도 감축될 것으로 예측한다. AI가 대체할 분야가 아주 많기 때문이다. 특히 시·도청 지자체 민원실의 업무 대부분은 AI가 대신할 수 있다.

축소되고 있는 공무원 조직에서 그래도 살아남는 부서로 영향력을 강하게 행사하며 지속가능한 부서가 서너 개 정도 있다. 바로 지역주민 건강을 최우선으로 해야 하는 시대에는 기후변화대응·적응센터가 대표적이다. 모든 지자체가 이미 서둘러 설치하고 있다. 아직은 형식적인 행사 조직으로 치부되고 있으나 아주 핫한 부서가 된다. 더욱 똑똑해지고 더욱 많은 것을 원하는 국민들은 2025년을 전후로 지자체나 정부로부터 내 건강까지 책임지라고 요구하게 된다.

건강최우선 시대의 공무원 조직에서 지역민과 국민의 건강을 책임지는 부서들만 살아남게 된다. 이미 코로나 시대에 우리는 공무원들의 역할에 대해 경험하고 있다. 가장 힘이 있는 부서 또한 건강 관련 부서이다. 체계화된 검역과 방역부서와 초미세먼지 저감 관련 부서가 대표적이다.

내 건강은 내가 지켜야 하지만 글로벌병이고 사회병인 신종 바이러스 방역과 초미세먼지에 대해서는 정부가 나서서 세부적인 저감 정책을 발표해야 한다. 초미세먼지 저감 전문가, 초미세먼지 저감 사업, 미세조류(micro-algae, 알지) 사업 등을 정부에서 전국에 시급히 보급하고 실행시켜야 한다.

코로나 시대에 너무 빨리 변해가는 미래직업을 지자체와 정부는 수시로 학생들과 청년들과 지역주민들과 국민에게 알려주어야 한다. 정부와 교육 관계기관의 의무이다. 누구도 해주지 않으니 글로벌 네트워크를 가지고 있는 국제기구들과 공유협업하여 초·중·고등학교 학생과 청년들에게 알려주고 어떠한 직업인지 실습, 체험, 견학, 시연할 수 있고 강의 교육도 받을 수 있도록 미래직업체험 교육센터를 설립하여 운용해야 한다. 이런 곳에서 근무하면 오랫동안 일을 할 수가 있다. 공무원 조직에서 살아남는 또 다른 부서이다.

미래에 일어날 어떤 일을 남에게 미리 알려주는 직업, 흥미롭지 않은가! 미래예측 방법, 미래를 예측하는 과학적인 기법, 그 툴(tool)을 알고 나면 더욱 이런 '미래 길잡이 직업'에 관심을 가질 것이다. 미래는 바로 여러분의 것이기 때문이다. 미래를 공유해야 한다.

미래시장은 프로슈머(prosumer) 시장으로 변하고 있다

'생산자'를 뜻하는 영어 'producer'와 '소비자'를 뜻하는 영어 'consumer'의 합성어로, 생산에 참여하는 소비자를 의미한다. 이 말은 1980년 미래학자 앨빈 토플러가 그의 저서 《제3의 물결》에서 언급했다. 21세기에는 생산자와 소비자의 경계가 허물어지리라 예측하면서 처음 사용하였다.

소비자가 내 DNA에 맞고 영원한 면역을 고려한 상품을 주문하면 생산자는 생산하여 배달하고 소비자가 활용하는 방식이다. 내가 필요한 대부분의 생필품은 내 몸의 건강에 해가 되지 않도록 내 유전체(DNA)에 맞게 만들어서 사용한다는 것이다. 즉 소비자가 물품의 생산에 직접적으로 참여하고 유통의 투명성을 확인하며 먹어보고, 입어보고, 사용해 보고 건강까지 확인하는 시장 형태이다. 블록체인 기반 기술의 접목으로 투명성은 확인된다. 또 유전체(DNA) 분석 기술과 건강 데이터 산업의 확대로 가능해졌다.

우리는 여기서 놓치지 말아야 할 부분이 있다. 바로 우리의 미래일자리다. 대형마트의 쇠퇴, 중간유통업의 몰락, 개인 맞춤형 뉴스마트팜의 활성화, 미래식량과 식품산업의 렌털화와 마트 내 가족 식품부스 분양화, 분양형 주말팜, 부엌농업 등에 대해 준비를 해야 한다. AI형 미래인간 대비 통합 플랫폼의 유통문화를 대비해야 한다.

CVO(Chief Visionary Officer, 미래비전 제시자)가 되자

미래비전을 창조하는 사람 CVO. 미래사회변화 메가트렌드를 정확히 읽고 살펴볼 줄 아는 능력을 갖춘 사람. 바로 미래예측 능력인 TQ 높은 사람이다. 도대체 무슨 직업을 가져야 하는지, 무슨 공부를 어떻게 해야 하는지 또 어느 학과 어느 전공 어느 대학 어느 직장으로 가야 나의 20대 30대가 안정적일까? 고민이 많다. 이러한 고민을 들어주는 정확한 미래직업 컨설턴트가 필요한 시점이다.

글로벌 기업이나 국제기구에는 반드시 CVO들이 있다. 미래를 창조적으로 열어가는 역할을 하는 사람들이다. CQ 높은 사람들에게 잘 어울리는 미래 성공직업이다. 전문적인 미래직업 예측가로서의 일도 얼마나 흥미로운가. 미래학을 하면 된다.

호갱은 되지 말자

어수룩하게 보여 이용당하기 좋은 호구의 고객 호갱(虎客)은 되지 말자. 호갱님은 판매자들이 입으로는 '고객님'이라며 친절하게 굴지만 실제로는 고객을 우습게 본다. 호갱으로 전락하여 자신의 신세를 한탄하지 않도록 하자. 그렇다고 블랙컨슈머(black-consumer, 나쁜 고객)가 되라는 말은 아니다.

코로나 시대에는 대부분의 소비행태가 온라인사이버 상에서 이루어지고 있다. 물건을 피부로 직접 접하지 않고 구입하게 되니 마음에 쏙 드는 물건이 배달되어 오지 않을 때도 있다. '에휴, 대충 그냥 입고 먹어야지 뭐.' 라고 넘기지 말고 정당하게 필요 충족 사항을 알려주어 재배달을 받아야 한다. 독한 마음과 내공의 힘으로 말이다.

SQ가 높아 강한 체력과 정신력을 가진 높은 멘탈의 소유자라면 절대 호갱은 되지 않을 것이다. SQ를 높이려면 매일 5분 이상의 명상과 매일 1시간의 달리기와 줄넘기가 좋다 하였다. 아주 단단한 내공을 키워야 살아남는다.

덕후(德厚, maniac)가 되어보자

한 번쯤은 한 가지 일에 푹 빠져 살아가는 덕후가 되어봄도 나쁘지 않다. 물론 글로벌 시대에는 멀티잡의 시대임은 틀림이 없다. 그래도 이 한 가지가 너무 좋다면 공덕력(功德力)의 덕력을 키워 덕후가 된 성덕(成德)들도 있다. 단 너무 오랫동안 한 가지에 빠지지는 말자.

한 분야만 덕질을 너무 오래 하면 지겨워 주변에 사람들이 떠나간다. 이것을 또 다른 표현으로는 꼰대이자 덕생이다. 글로벌 시대에 리더 그룹으로 살아가기 위해서는 덕생은 피해야 한다. 어떤 인플루언서의 덕후가 되어 재미와 즐거움과 순간 행복을 느꼈다면 그것을 기반으로 돈벌이할 분야를 생각하고 나도 이것에 이것을 더 보태어 더 나은 덕력을 발휘해보아야겠다는 생각을 하자.

Z+세대답게 살자

바로 여러분이 Z+세대(Generation Z+)다. 2020년을 기준으로 10대 초반에서 20대 중반이 되는 Z+세대는 이미 전 세계시장에서 밀레니얼(millenials) 세대를 제치고 가장 높은 인구 비중을 차지하고 있다. 디지털 원주민을 넘어 모바일 원주민인 여러분은 이전 세대들과는 가치관, 기술을 대하는 태도 등에 따라 선호하는 앱, 앱을 사용하는 이유, 이용 패턴 등에서 특색 있는 차별성을 보인다.

갑자기 맞이한 코로나 시대로 인해 사회 대변혁을 온몸으로 받아들이고 있는 Z+세대로 발전해가고 있다. 코로나가 가져다준 사이버온라인 실시간 세대이며 교육 혁명을 겪고 있는 세대가 바로 여러분이다. 새로운 소비강자로도 부상했다. 새로운 글로벌 시장을 형성하였으니 여러분의 고객으로 모셔 와야 한다. 남들보다 TQ가 떨어지면 금세 낙오자가 되고 마는 세대요, 시대이다.

누가 더 오랜 시간 스마트폰을 보고 있는가. 누가 더 오랜 시간 게임을 하는가. 이게 중요한 게 아님을 잘 안다. 스마트폰을 보다 보면 자신도 모르게 몇 시간이 훅 지나간다. 그냥 시간 낭비만 하면 안 된다. 하나라도 건져내야 한다. 물론 반복함으로써 속도감이나 순발력은 키우겠으나 덕후의 길만 쫓아가서는 안 된다. 오늘의 TQ 높이기를 정하여 하루 한 가지씩만 메모를 하자. 그것이 쌓이면 나의 미래 컨텐츠가 되고, 일자리가 되고, 돈벌이가 된다. 여러분만이 이해하고 소통할 수 있는 우리들만의 시장이기 때문이다.

여러분은 다만추세대로 살아야 한다

Z+세대가 지향하는 삶이자 사회 대변혁의 코로나 시대 핵심 내용이다. SNS, 앱, 플랫폼 등을 통하여 지구촌 곳곳에서 다양한 삶의 사람들을 만나 나의 미래 가능성을 확장해가야 한다. 대리만족과 대리경험을 하게 해주는 평범한 일상을 영상으로 공유하는 브이로그(Vlog)로 기쁨을 누리기도 한다.

미래에 내가 해야 할 분야를 확장, 확대, 개척해 나가는데 또 필요한 것이 선취력(先聚力)이다. 핫한 트렌드가 되기전 핫이슈 단계에서 먼저 선택하여 취하는 능력, 즉 남들보다 먼저 내 것으로 만드는 능력을 갖춰야 한다. 메가트렌드를 누가 얼마나 정확히 읽느냐에 따라 선취력은 결정되며 TQ 높은 사람이 항상 유리하다.

다만추세대인 여러분은 참여할 수 있는 판을 열어놓고 놀아야 한다. 스스로가 놀이의 상대가 될 준비가 항상 되어 있어야 한다. 또한 소유보다 공유로 소비의 밸런스를 맞추는 클라우드소비(cloud consume) 패튼을 가져야 한다. 밀레니얼세대와 여러분의 Z+세대들이 추구하는 '빼앗는 마케팅' 전략에서 앞서가야 살아남는다. 어떠한 제약도 받기 싫은 세대가 아닌가. 제약을 받지 않으면서 어디에서나 공유할 수 있는 능력을 갖춰야 한다. 그 공유의 장에 나의 놀이와 돈벌이 장과 일자리가 있다. NQ를 높여야 한다.

금사빠는 되지 말자

금방 사랑에 빠지는 스타일을 좋아하나? 옛날 말에 귀가 얇다는 말이 있다. 누군가의 말만 듣고 그 사업이 잘될 거라고 믿고 투자를 하거나 추천을 해주어 패가망신하는 사람들이 많았다. 지금도 수두룩하다. 사랑 또한 사람 세상에서 일어나는 인간관계의 일이다. 너무 쉽게 빠지거나 빨리 달아오르면 분명 빨리 식게 마련이다. 진득하게 오래 보려면 서로 신뢰와 의리와 정의와 인간적 정(情)이 합쳐져야만 한다.

누군가의 사업이 잘된다고 헐레벌떡 뛰어들었다가 망하는 자. 금사빠들이다. 여러분의 미래일자리는 금세 고르는 것이 아니다. 신선하고 새롭다고 모두 신박한 것은 아니다. 또 신박하다고 다 좋은 것만은 아니다. 미래사회변화 메가트렌드를 정확히 읽어가며 능력을 갖춘 후 서서히 하고 싶은 일부터 시작해야 성공 가능성이 높다.

시간 부자인 여러분이 초조하게 서두를 필요가 없다. 모두 여러분 앞에 놓여 있다. 선취력 높은 사람이 먼저 가져갈 수 있다. 또한 내가 원하는 일자리와 유사한 일자리가 수없이 많으니 조금만 차분히 주변을 살펴보자. 할 일들과 일자리가 수두룩하다.

레트로(Retro, retrospect의 준말)도 진로설계에 필요하다

과거의 기억을 그리워하면서 그 시절로 돌아가려는 흐름으로 '복고주의', '복고풍'이라 할 수 있다. 미래는 과거의 반복적 경험에 의해 예측할 수 있다는 이론이 하나 있다. 즉 트렌드는, 유행은 돌고 돈다는 의미이기도 하다.

과거의 것을 새롭게 즐기려는 경향의 뉴트로(new-tro)에서 일자리를 찾아보자. 더 나아가서 내가 직접 힙트로(hip-tro)가 되어 복고를 최신 패션 유행으로 즐기면 된다. 그러면 자연스럽게 패션을 리드해 가는 사람들인 패피(fape, fashion+people)들이 모이게 된다. 이 패피들이 또 다른 인플루언서로서 해야 할 역할을 하게 된다. 진실한 감성을 파괴해가는 갬성꾼으로 여러분 주변에 모여든다. 그들이 돈이고 여러분의 든든한 지탱 목이 될 수 있다.

나 스스로가 복고풍의 패션 트렌드를 2030년에 맞춰 새롭게 재해석하고 재창출하고 새로운 일자리로 만들어 가면 된다. 남들 의식할 필요 없이 즐기다 보면 트렌드가 되고 돈이 된다. 일자리도 창조해야만 내 것이다. 오래전부터 여러분의 부모님들이 즐겨 찾던 을지로의 많은 시장 먹거리들이 힙지로로 다시 뜨고 있듯이.

특히 소유의 개념에서 공유와 접속의 개념으로 변하고 있는 미래주거문화 트렌드가 빈트로(vin-tro)로 자리매김했다. 나만의 주거 인테리어 개념에서 다수와 공유하는 사람들의 공유의식을 포함한 주거 빈트로에서 일자리를 찾아보자. 한 예로 건축디자이너가 꿈인 학생들은 먼저 3D프린팅을 알아야 한다. 대부분의 건축 관련 설계 디자인은 3D프린터가 고객의 성향에 맞게 디자인해 준다.

그다음에는 빈티지 레트로 트렌드를 접목하여 인테리어 등에 활용하면 된다. 바로 Z+세대인 여러분들이 찾아야 할 또 한 분야의 미래일자리들이다. 미래일자리라고 하여 새로운 일자리만 지향하는 것은 아니다. 노력은 하겠으나 코로나 이전(2019년 이전)으로 결코 돌아갈 수 없으니 향수에 젖는 복고풍의 트렌드도 미래에는 새로운 신 일자리로 등장하고 있다.

세포 마케팅을 하라

1인 미디어 시대에 SNS를 통해 행해지는 1인 마켓인 세포 마켓(Cell market)을 활용하는 판매자들이 SNS를 통해 급증하고 있다. 세포 마켓은 SNS 활용 인구 증가와 각종 디지털 결제 서비스의 발달과 함께 급증하는 추세다. 코로나 시대에 대형마트의 축소를 예측했다. 유통시장의 돈의 판도가 바뀌지 않겠는가?

당연히 팔로워를 많이 보유한 인기 유튜버 크리에이터나 인플루언서들이 이 분야의 최강자로 떠오르고 있다. 이들을 하나의 플랫폼으로 끌어오는 플랫 포밍과 특정 인플루언서들을 지원하는 시스템 구축으로 돈을 벌 수가 있다. 시내에 대형마트 차려서 돈 벌겠다는 친구들 있으면 말려야 한다. 이미 1인 매칭 유통마켓이 플랫폼을 통하여 투명하게 운영되고 있다. 배워보자. 할 수 있다.

디지털 유목민을 잡아라

디지털 원주민인 여러분 Z+세대가 할 일 중 하나다. 눈에 훤히 보이고 내 플랫폼에 와서 놀아주고 소비하고 감정까지 공유하는 나의 디지털 고객들이 디지털 유목민들이다. 그들은 기능보다 직관적이고 순간적인 갬성으로 선택하는,

즉 컨셉을 중시하는 소비자들로서 급격히 늘어가고 있다. 이들을 공략하는 방법을 알아야 돈을 번다. 2~3년 전부터 시작된 컨셉팅(concepting)을 최우선으로 하는 소비문화가 대세를 이루고 있다. 첫인상, 첫 느낌으로 브랜드의 컨셉을 결정짓는 세대들. 이들은 새로운 어떤 컨텐츠와 컨셉을 찾아서 정착하지 못하고 계속 떠돈다. 그래서 플로팅 세대(floating generation)라고도 한다.

그동안 두리뭉실했던 기업의 마케팅 전략이 바뀌고 있다. 신인류이자 신소비자라고 하는 디지털 유목민들에게 적합한 컨셉을 지속해서 제공해야만 살아남는다. 신소비자들의 순간순간 감수성 변화를 세밀하게 포착하여 그들의 직관과 감성을 건드리는 수평적 커뮤니케이션과 컨셉 개발이 중요해진 시대가 되었다. 여러분의 돈벌이 타깃은 바로 여러분 세대가 최우선이다. 코로나가 가져다준 가장 잘 아는 동시대의 신인류니까.

여러분만의 디지털 식민지를 만들자. 디스토피아(dystopia, 유토피아 반대)를 무시한 미래직장은 없다. 똘똘한 개척정신으로 용기를 가지고 공정한 지속 가능한 발전의 한국판 뉴딜의 선봉에 서보자.

감정대리인을 잘 활용하자

요즘 가장 핫하게 떠오른 감정 대리인은 이모티콘과 이미지 짤방이다. 우리의 감정과 상품 소개도 이들이 아주 간단하게 대신해 주고 있다.

여러분들은 부모님 세대와 확연히 다른 시대를 살아가고 있다는 사실을 잘 알고 있을 것이다. 디지털과 모바일 기기의 발달 그리고 인터넷 쇼핑으로 또 그래픽, 통신 카드 등 첨단 멀티미디어 기기를 활용하여 음성서비스, 동영상 구현 등 이용자에게 효율적인 정보를 제공하는 무인 종합 정보안내 시스템인 키오스크(kiosk) 등의 기술 발달로 인해 현대인들은 더욱 사람들과 대면할 기회가 없어지고 있다. 코로나로 비대면이 문화로 정착해가고 있다.

그만큼 서로 감정을 느끼고, 표현할 기회가 적어졌다는 말이다. 그에 따라 코로나 이후 현대인들은 사람들과 직접 관계를 맺는 데 어색함과 불편함을 느끼게 된다. 자신의 감정을 스스로 표현하는 데 어려움을 느끼게 되면서 자신의 감정을 대신 느껴주고, 표현해줄 '감정대리인'을 찾게 된 것이다.

미래사회변화 메가트렌드를 잘 읽어야 한다고 지속해서 언급하고 있다. 신인류들의 소비성향 분석, 감정분석, 글로벌 인간관계 분석을 통해 사업성과를 높여야 한다. 코로나 시대 사회 대변혁은 TQ를 높이면 보이는 것들이다. 여러분의 미래일자리는 아주 복잡다양하게 진화되어가고 있다. 여러분들의 뇌 또한 잘 적응하고 있으니 조금만 더 부지런하면 모두 나의 시장이자 나의 일터로 만들어갈 수 있다.

나나랜드형 소비자를 잡자

'나나랜드(Nanaland)'는 2016년 인기를 끈 영화 '라라랜드'를 패러디하여 자신을 있는 그대로 인정하고 자신의 기준에 따라 살아가는 삶의 방식을 일컫는 말이다. 코로나 시대에 이런 삶의 방식을 따르는 '나나랜더(Nanalander)'들이 트렌드로 급증하고 있다.

다양성을 중시하는 바로 여러분 Z+세대들에게 나타나는 성향이다. 나나랜드를 이야기하면서 '자존감'이란 단어도 빼놓을 수 없다. 자신에 대한 사랑과 관심이 Z+세대에게는 매우 중요한 요소이다. 또한, 반드시 갖고 싶도록 그들만의 잇템(it item)을 만들어주어야 한다.

키가 작으면 작은 대로, 뚱뚱하면 뚱뚱한 대로 나의 몸에 어떠한 결함이 있어도 누가 뭐라고 한들 신경 쓰지 않고 나만의 트렌드를 고집하며 쿨하게 살아가는 사람들이 늘어나고 있다. 그들이 여러분의 소비시장이다. 미래일자리 찾기가 끝나면 그 분야에서 스타트업을 하고 수익을 창출해야 한다. 여러분이 20대 초중반이 되는 2025년경 핫한 트렌드도 미리 알아야 돈을 벌 수가 있고 또 시장이 보인다!

나를 팔아라

여러분 자신을 팔아라. 여러분 개인이 가지고 있는 다양한 모습과 행동과 생각과 컨텐츠가 다 돈이 되는 시대이다. 몸으로 기술로 마음으로 나를 팔아라. 성공은 진정성에서 나온다. 엄청난 광고비를 들여서 홍보하던 과거 기업의 판매 전략은 이제 종말을 고하고 있다. Z+세대인 여러분들은 TV 자체를 거의 보지 않는다. 나의 감성과 이성을 움직이는 간단한 한 단어의 표현이라도 좋다. 이것에서부터 사업은 시작된다.

그렇다고 영혼까지 탈탈 털어주면 내가 견디지 못한다. 나나랜더들은 여러분의 진정성을 잘 파악하고 있다. 아무리 감정대리인을 활용한다 해도 오너의 마인드는 금세 읽히기 마련이다. 왜 이러한 표현을 사용했을까? 순간적인 감각적 느낌으로 알아낸다. 내 것은 없고, 나의 감정도 없어지고 소유의 시대가 종말을 고해가고 있는 공유의 시대가 정착되어가기 때문이다.

나를 잘 팔아라. 그래야 큰돈을 벌 수가 있다. 미코노미 (me-conomy) 시대이다. 개인이 정보를 제작하고 가공하여 유통을 전담하는 프로슈머(prosumer)로서의 역량이 강화되었다. 물론 글로벌 시장이 내가 점령해야 할 시장목표나 작은 개개인의 감성시장도 중요하게 파고들어야 한다. 유명인만 계속 인기를 누리고 돈을 버는 시대는 아니다. SNS상에서 유명해지면 셀럽(celebrity)이 되어 큰 인기와 함께 돈도 벌 수가 있다.

번아웃 증후군을 사전에 방지하자

Z+세대인 여러분에게 자주 등장하는 증후군, 10대와 20대들의 병. 의욕적으로 일에 몰두하다 갑자기 극도의 신체적, 정신적 피로감을 호소하며 무기력해지는 번아웃 증후군 (Burnout syndrome)은 언제 여러분에게 닥칠지 모른다. 빠져들어 일하다가도 혹사당하고 있는 내 몸과 정신도 다독여주어야 할 의무가 있다. 평소에 지속적인 명상과 운동으로 강인한 내공의 멘탈을 가져야 한다. 내공과 멘탈이 약해지면 마음의 병으로 이어지고 순식간에 깊은 정신적 수렁에 빠지게 된다. 이 수렁에서 나를 탈출시키는 능력 또한 글로벌 리더 그룹이 갖추어야 하는 조건이다. 그래야 성공할 수 있다.

너무 큰 꿈이나 목표를 가지고 전력을 다하는 성격의 사람에게서 주로 나타난다. 다 불타서 없어진다(burn out)고 해서 소진(消盡) 증후군, 연소(燃燒) 증후군, 탈진(脫盡) 증후군이라고도 한다.

갑자기 기력이 없고 쇠약해진 느낌이 들거나 쉽게 짜증이 나고 노여움이 솟구치고, 하는 일이 부질없어 보이다가도 오히려 열성적으로 업무에 충실한 모순적인 상태가 지속하다가 갑자기 모든 것이 급속도로 무너져 내리기도 한다. 또한 만성적으로 감기, 요통, 두통과 같은 질환에 시달리거나 감정의 소진이 심해 '우울하다'고 표현하기 힘들 정도의 에너지 고갈 상태를 보이게 되면 여러분 가장 가까이에 있는 선생님이나 부모님 그리고 친구나 의사 또는 멘토에게 상담하도록 하자.

의식주가 의식금으로 변했다

수백 년간 인간에게 가장 기본적인 요소로 함께했던 의식주 문화가 그 종말을 고하고 있다. 부모님들과 또 그들의 부모님들은 입고 먹고사는 집을 갖는 게 전부였던 시대를 살아왔다. 글로벌 트렌드라 할 수 있는 돈(金)이 최고라는 의식은 21세기에 와서 더욱 공고해졌다. 특히 Z+세대들에게는 필수 항목으로 자리 잡았다.

자연스럽게 돈을 좇게 되었다. 그렇게 의식주(衣食住) 문화가 의식금(衣食金) 문화로 변화되었다. 미래 주거환경은 이미 크게 변해가고 있다. 집을 소유하는 것이 부담스럽다는 Z+세대다. 계속 더 나은 집, 새로운 주거형태를 찾아 떠도는 세대이다. 소유가 아닌 접속과 공유의 개념으로 주거환경의 새로운 트렌드를 만들었다.

돈을 벌어서 멋있는 집을 짓고 살아야지? 나노 텐트와 이동식 주거시설들이 많이 등장했다. 집 장사, 집 건축사, 부동산 중개업자, 일반 건설업자, 부동산 임대업자 등은 서서히 쇠퇴해 가는 직업군으로 분류되고 있다. 부동산으로 재테크를 하는 시대는 끝나가고 있다.

교수와 교사도 이제는 AI다

초등학교 4학년인 저자의 막내딸은 하루에 평균 5~7시간 이상 AI와 함께 생활한다. 가상현실 속에서 틱톡과 유튜브와 SNS를 하면서 서너 가지를 동시에 하는 멀티플레이어가 되어 있다. 아빠인 내가 상상할 수 없을 정도의 엄청난 자료와 정보와 지식을 스마트폰에서 얻는다. 모두 AI가 제공해 주고 있다.

순수 인문 분야든 어려운 천문학적인 분야든 AI는 빅데이터 기반으로 중무장하여 우리를 기쁘게도 힘들게도 하며 인간의 일자리들을 대신해 준다. 일만 대신에 하는 것뿐만 아니라 일의 처리 속도는 인간보다 수십 또는 수백 배 빨라졌고 정확하다. 슈퍼컴퓨터로도 10만 시간이 소요되는 일을 퀀텀 컴퓨터(Quantum, 양자컴퓨터)로는 200초면 해결된다. 바로 2019년 10월 25일 구글이 실험에 성공했다고 발표했다.

어디에서 일자리를 찾아야 하겠는가? 수십억 명이 쏟아져 들어왔다 나가기를 반복하고 있는 AI 스마트폰 플랫폼상에 수십만 가지의 일자리가 있다. '이런 시대가 왔으니 이런 분야에서 일자리를 구하면 오랫동안 편안하게 행복한 미래의 삶을 살아갈 수 있다.'라고 미래학자들이 말하고 있다. 고집 피우지 말고 그 길로 가면 수익도 행복지수도 최대치로 살아갈 수 있다. 의류 패션 산업이 쇠퇴해가고 있다.

3D프린팅이 상용화 보편화 되면서 사라져가는 산업이다. 바디 스캐너로 우리 몸을 스캔하여 치수를 확인하고, 카탈로그를 클릭하여 스마트거울에서 입어본다. 원하는 아이템과 디자인의 번호를 누르면 얼마 후 내가 원하는 옷이 3D프린터에서 출력된다. 그 의류가 싫증이 나면 다시 그 옷을 프린트한 기기의 카트리지에 넣어 셀룰로스(cellulose, 자연계에 가장 많이 존재하는 유기화합물인 섬유소)로 보관한다. 언젠가

유행이 다시 돌아오면 입력된 데이터로 다시 찍어 입는다.

한국의 18 ~ 19세가 지금 가장 좋아하는 핫한 아이템을 빅데이터로 찾는다. 색상을 포함한 디자인을 완료하여 3D 프린터로 찍어서 내가 입고 다니면 된다. 인간 디자이너가 수많은 자료, 책자들을 보고 고민하여 손으로 그려낸 디자인을 가지고 공장에서 생산해 내는 시대는 끝나가고 있다. 그렇게 의류 분야와 그 분야 디자이너들이 사라지게 된다.

AI 교수의 보편화 전에 청소년들과 소통의 장을 갖고 있는 저자

이제는 노화 역전이다

2015년을 전후하여 노화 역전(Against-aging) 분야인 의료건강학 분야와 신의공학 크리에이터(New Biomedical Engineering Creator)가 뜨기 시작했다. 수명연장을 위한 많은 미래학자와 수명연장 전문가들의 가장 유명한 국제단체가 RAAD (Revolution Against Aging Death, 죽음과 노화 역전 혁명)로서 노화방지에서 노화 역전 프로젝트로 발전했다. 이미 늙지 않는 세포약(Ageless cell)이 개발되어 다양한 임상시험 중이다. 우리가 늙는다는 것은 바로 신체 모든 부위의 세포가 늙어가는 것이다. 이러한 세포노화의 속도를 현격히 줄여주는 약이다.

물론 아주 재미있고 또한 부모님과 어르신들께 효도하는 차원에서라도 관심 분야 아닌가? 특별한 공부가 필요한 분야는 아니다. 가장 기본적인 컴퓨팅스를 해야 하고 그중에서 플랫포밍이 가장 많이 활용되고 있다. 플랫폼상에서 자료 정보의 공유는 물론, 유통과 수익을 실현하기 때문이다. 당연히 개발하여 제조하는 생산 분야도 중요하다. AI가 제시하는 빅데이터를 최대한 활용하면 어렵지 않게 큰 수익을 올릴 수 있다.

현재의 기술로도 이미 수명연장(Life Extension) 프로젝트는 가동되었다. 그만큼 건강하게 오래 살고 싶은 인간의 본능적인 바람의 자연스러운 표출이겠다.

현재 진행되고 있는 수명연장 방법은 호르몬 교체, 장기 교체, 효소 유전자 교체 등으로 수명을 연장하고 있다. 모든 노화 현상은 질병으로 보고 질병은 치유 가능하다는 얘기다. 2040년경 선진국의 인간수명은 평균 120세가 넘어가고 원하는 만큼 살 수도 있다는 학자도 있다.

노화역전 프로젝트를 열어가는 RAAD 페스티발 2020, 미국 라스베가스

해상도시

인류의 산업화 과정에서 에너지원으로 활용했던 화석연료들이 지구의 기후변화를 야기해왔다. 지구촌 기후환경 변화 중 가장 큰 요인이자 화석연료로 인해 발생한 온실가스 등으로 지구온난화(global warming)가 빨리 진행되고 있다. 남북극의 빙하는 물론 알프스와 히말라야의 빙하가 녹아가고, 동토였던 그린란드와 남극이 녹아가면서 해수면 상승(sea level rise)을 유발하고 있다.

해수면 상승으로 살던 곳을 떠나야 하는 기후난민의 수는 얼마나 될까? 여러분들이 아빠 엄마 나이가 되는 2050년경이 되면 약 12억 명 이상이 될 것으로 예측한다. 2050년경 1.7도에서 2.4도 지구 평균온도가 상승하면 미국 마이애미의 3분의 1이 사라지고, 우리나라의 부산 해운대 백사장도 거의 사라지게 된다. 이주를 시작해야 한다는 말이다. 이미 남태평양의 아름다운 섬나라 투발루공화국은 2001년 11월 국토 포기를 선언했다. 더 이상 땅 위에서 인간이 살아가기 힘든 환경이 되었다. 또 팔라우, 피지, 사모아, 통가, 몰디브 등 아름다움의 상징인 남태평양과 인도양의 섬나라들이 해수면 상승으로 매우 위험한 상황이다.

그래서 2005년경부터 UN에서는 물론 많은 미래학자와 건축공학자, 해양 전문가들이 모여서 바다 위에, 물 위에

떠 있는 인공섬인 플로팅 아일랜드(floating island)를 만들자고 제안했다. 떠 있는 도시(Lilypad, 릴리패드) 등이 대표적인 대안으로 부상했다. 바로 기후난민들의 피난처인 해상도시(seasteading, 해상국) 건립이다. 최대 5만 명 이상이 거주할 수 있는 거대 해상도시이다.

문제는 해수면 상승의 속도가 점점 더 빨라지고 있다는 것이다. 기후난민들의 피난처 건립이 시급한 이유다. 물론 해상도시 건립은 기술적으로 가능하다. 이 해상국가는 누구의, 어느 나라의 소유가 아닌 공유를 원칙으로 하고자 한다. 바이오락(bio-lock, 해수의 온도, 조류의 힘, 계절 등에 따라 꽉 잡아주는 방식)으로 해상에 고정할 수 있다.

인류의 안전과 지속가능한 생존을 위한 해상도시 건립 분야에서 일하고 싶은 여러분들은 인류애가 남다르다 하겠다. 인류의 3분의 1이 해안가에 살고 있다. 이들은 어디로 가야 하나? 또한 이러한 사업을 추진하는 기후난민 관련 사업에 얼마나 많은 일자리가 있겠는가! 여러분이 20대 중후반이 되어 사회에 등장할 때에 아주 심각하고 핫하게 뜨는 직업들이 여기에도 있다.

바이오 6차 산업 미래 신농업인 아쿠아포닉스(aquaponics)

물고기양식(Aquaculture)과 수경재배(Hydroponics)를 합친 농사법이다. 물 부족 국가인 우리나라도 전국 스마트팜 혁신밸리와 도시의 비어있는 빌딩 등에서 활성화되어가고 있다.

뉴스마트팜 기본 기술설계도에도 반영된 미래 신농법 중 하나이다. 사료를 따로 줄 필요 없고, 미세조류 중에서 클로렐라(chlorella)보다 효능이 좋은 스피룰리나(spirulina)를 함께 배양해 줌으로써 일반농산물보다 영양물질을 몇 배 더 높일 수 있다. 물 관로를 통해 스피룰리나가 액상으로 식물을 키우고 밑으로 떨어지며 대형 수조에 들어가 물고기들에게 영양분으로 공급된다.

미래식량 산업이다. 지속가능한 분야이다. 이런 분야의 전문 인력으로서 역할을 하면 더 나은 건강한 식량을 인류에 공급한다는 자부심과 자긍심도 가질 수 있을 것이다.

3D 바이오 프린팅스(3D Bio-printings)

인간 신체의 부분을 찍어내는 신체 프린팅(body maker). 내 DNA에 맞는, 직접 가지 않고도 '제2의 현지 맛'을 주고 내가 좋아하는 입맛의 식품을 만들어주는 음식 프린터 등이 바이오 프린팅 산업에 해당한다. 돈이 필요한 기존 건물 신축 비용보다 반값으로 집을 찍어주는 주택 프린팅 등 일반 3D프린팅은 오래전부터 활용되어 왔다.

2019년 4월 이스라엘 텔아비브대 연구팀이 환자 세포 등을 이용한 인공심장을 3D프린터로 출력하는 데 성공했다. 수년간 심장을 3D로 제작하려는 시도는 있었지만, 세포나 혈관과 같은 인간 세포조직을 이용해 인쇄하는 데 성공한 것은 이것이 세계 최초다. 2025년경이 되면 '인공장기' 시대로 접어들고 인공심장 3D프린팅이 일상화될 것이다.

3D 바이오 프린팅은 인간의 뼈와 장기, 의료기기, 개인 보철, 인체조직의 본질적인 복제 모델을 만드는 데 사용되고 있다. 부작용이 없는 내 DNA의 인체조직 세포를 활용한다.

3D프린터로 장난감이나 어벤져스 피규어나 유명인들을 이미 찍어내고 있는 여러분들은 이 바이오 3D 분야에 관심을 가진다면 전문분야로서 고소득을 올릴 수 있을 것이다.

AI 로봇 교사가 증가하고 있다

인간의 이성적인 분야를 뺀 감정적이고 정서적인 분야에서 AI 로봇이 인간을 능가하는 시대를 우리는 살아가야 한다. 열심히 연습하여 이루어내는 모든 악기연주는 로봇을 이길 수가 없다. 인간이 노력하여 만들어 내는 다양한 소리도 로봇을 이길 수가 없다. 인간보다 훨씬 더 아름답고 황홀한 소리로 매혹하기 때문이다. 그래서 인간이 다루는 모든 악기 연주자는 점차 AI가 대체하게 된다.

학교에서는 음악 선생님이 AI 로봇으로 대체 되고 일반적이고 단순한 지식전달 또한 AI 로봇이 대체할 것이다. 교사의 자리도 점차 줄어든다는 뜻이다. 물론 교사 감소와 교사의 역할변화는 인구절벽으로 학교 수의 감소나 글로벌스쿨화에서도 영향을 받는다. 당연히 학교에서의 컴퓨팅스는 AI 컴퓨터가 가르친다. AI의 활용과 융접목 및 업그레이드 분야에서 인간의 이성적 판단능력이 일정 필요할 뿐이다.

코로나 시대 교육 혁명이 왔다. 뒤늦은 감이 있으나 사이버온라인 실시간 수업이 시작되었다. 코로나 시대는 교육혁명뿐 아니라 사회 모든 분야의 기존 시스템과 패러다임을 확 바꾸고 있다. 교육의 변화는 국가 발전의 근간을 바꾸고 또 지구촌 사회 대변혁을 불러오고 있다.

드론 융합산업이 활성화되면서 운송이 무료다

글로벌 최대 운송기업인 페덱스(FedEx)가 2017년부터 드론 택배를 시작했다. 우리는 드론의 기반기술이 어떤 산업 분야에 융접목되어 활성화되고 있는지 그 융합산업 분야를 알아야 한다. 현재 드론은 일반적으로 레이싱, 농약 치기 등 방제작업, 농수임산품의 운송, 배달, 화산, 지진 등 인간이 접근하지 못하는 지역 촬영, 군사용 공격 드론, 영화, 방송 등 영상 촬영, 화재 지역 방재, 수중 탐색, 수중 고기 흐름 찾기, 위험지역에서의 인간구출 작업 등에 많이 활용되고 있다.

또 대중교통수단으로서의 드론 택시의 활성화를 위해서는 지능형 도로까지 설비가 된 스마트시티로의 도시설계 변경이 필요하다. 또 첩보용, 재해재난 지역 투입, 드론 격추용 드론, 인명구조, 긴급구호물자 수송, 다양한 정보제공, 의료용 자동 분해, 물고기 잡기 등에도 드론과 그 기반 기술이 사용 중이다.

드론 운전(비행)면허는 현재의 자동차운전 면허처럼 누구나 가지게 될 것이다. 물론 자동차운전 면허증은 이미 바이오 전자면허증으로 바뀌고 있다. 드론도 AI가 데이터에 따라 운전하는 시기가 곧 올 것이다.

미래도시는 스마트시티인 플랫폼시티이다

AI형 미래인간의 주거공간을 만들어가는 도시를 일반적으로 스마트시티(smart city)라 부른다. 우리의 건강이 가장 중요하니 스마트 헬스타운이라고도 한다. 이 스마트시티에는 AI 타운과 글로벌 AI 마스터 스쿨은 물론 뉴스마트팜(new smart farm)이 자리 잡고 글로벌 AI 바이오 건강의료 데이터 플랫폼이 보편화하여 있는 도시이다. 또한 신종 바이러스나 신종질병에 의한 시민감염을 신속하게 감지하고 확산을 막는 조기 경고 메커니즘을 갖춘 도시이다.

초고령화에 대비한 AI형 미래도시 메가트렌드는 시민건강을 최우선으로 하는 기후환경 문제가 잘 정비되어있는 도시다. 바로 초미세먼지와 CO_2 저감도시 그리고 신종질병과 신종 바이러스에 잘 대응하고 철저한 대비책을 마련한 도시다. 필(必) 환경을 해야만 살아남기 때문이다.

또한 더욱 철저한 가족과 시민의 안전과 보안요구가 증대됨에 따른 안전도시이다. 의료보건 시설이 잘 확보된 스마트 헬스타운(smart health town)이다. 이 분야는 인간의 가장 기본적인 의식금과 같으므로 많은 신직업이 등장하고 있다.

뉴스마트 시티에는 지능형 무인자동차가 다닐 수 있도록 지능형 도로가 구축될 것이고 드론 택시 하늘길이 생긴다.

쓰레기 제로타운이며, 초미세먼지를 현격히 줄여주고 청정 도시 추구를 위해 미세조류(스피룰리나 등) 가로수와 가로등이 설치된다. 지능형 AI 무인차가 다니도록 AI 교통표지판으로 교통사고가 없는 도시가 될 것이다. 새로운 미래 주거 환경 트렌드가 조성된다.

2030년경 지는 직업과 직종

1. 정치인이 사라지기 시작한다.

북유럽의 경우 일반경찰과 정치인, 법조인들은 기본적으로 사회복지사(social worker) 인증서를 가져야 한다. 점차 세계적인 추세이며 내가 살고 있는 지역사회를 위하고 지역민을 위해 진정성을 가지고 일하는 자들만이 주민의 대표자가 될 수 있다는 뜻이다.

저자는 사회복지사라는 좀 어려운 표현보다 지역 서비스 맨 이라고 표현을 바꾸자고 제안해 본다. 북유럽과 선진 각국뿐 아니라 우리나라에서도 2025년경이 지나면서 이 AI로 무장한 지역 서비스 맨들이 대부분의 지역 공공업무들을 대신하게 될 것으로 예측한다.

달리 표현하면 과거 행태의 정치인, 법조인, 경찰, 검찰이 지역 서비스 맨으로 대체된다는 뜻이다. 1215년 영국의

마그나카르타(Magna Carta) 대헌장(大憲章) 후 발전해 온 대의
민주주의는 800여 년이 지난 지금 더는 4차, 5차 산업혁명
시대 현실과 맞지 않는다는 것이다.

우리나라가 지구촌에서는 아주 빨리 신직접민주주의의
상황을 보여주었다. 나의 뜻을, 지역민의 뜻을 대변하여 의
회에서 열심히 일하라고 뽑아준 국회의원과 지자체 의원들
이 더 이상 필요치 않는 시대로 가고 있다. 이제는 직접
내 개인의 의견과 지역민의 의사를 정책을 입안하고 집행
하는 사람들에게 표현하여 실천되도록 하는 신직접민주주
의가 등장하고 있으며 대의민주주의는 소멸해가고 있다. 정
치인과 정치인 주변인들로만 이루어진 정치 산업은 이제
소멸해가고 있다. AI 정치인이 출격 대기 중이다.

2. 법조인이 사라진다.

나와 관련된 범죄 사실과 법 조항들의 제정된 것과 집행
되는 내용은 나와 24시간 함께 생활하는 스마트폰에서 실
시간으로 알려주게 된다. 또한 각국의 모든 법 집행 사례
와 판례를 빅데이터화 하여 알려주므로 따로 관련법 공부
를 할 필요가 없게 된다.

요약하면 '현장 법 집행 시대'라 하겠다. 종이법령집은
사라지고 칩에 법률정보를 담아 장착하면 된다. 환경규칙,

교통안전법, 회계법, 연금법, 부패방지법 등 몹시 어려운 법 조항들도 자동으로 현장에서 바로 적용된다. 따라서 로스쿨 등에서 법을 공부하고 있는 학생들은 글로벌 시대 정착에 따른 글로벌 국제법, 국제변호사로 글로벌 사회의 수요에 부응해야만 살아남는다. 당연히 AI 변호사가 대부분의 변호업무를 맡게 된다.

3. 일반경찰직도 사라진다(경찰특공대 제외).

미국국가영상지도국(National Imagery and Mapping Agency, 美國國家映像地圖局)은 위성이나 정찰기를 통해 수집한 영상을 바탕으로 세계 곳곳의 지형에 대한 정보를 수집하고 있다. 그 정보들은 첩보용, 기상용, 정찰용, GPS(Global Positioning System, 위성항법시스템)용 등으로 사용되고 있다.

정확하게 무엇이 문제인지를 찾아주는 역할을 해주니 현장 법 집행을 가능하게 해준다. 자동차 사고 시 자료사진 송 출, 내장된 칩이 사고경위나 사고 해당 법령 등을 실시간으로 알려준다. 담배 사는 사람 나이를 읽어 담배구매 연령 파악, 스마트카드 칩이 몸에 장착되므로 신분증을 자동으로 읽게 된다.

그러니 운전면허증을 제시하라 음주측정기를 불어보라고 할 필요가 없어진다. 그리고 중요한 것은 운전대가 없어진다는 사실이다. 운전할 일이 없어진다. 교통 관련 경찰직부터 사라지고 있다. 경찰의 민영화를 예측해본다.

4. 은행과 조폐청 및 지폐제조업이 사라진다.

금융보험 등 서비스 금융 산업은 확대되나 현재의 은행 창구는 스마트카드 온라인서비스 등 지폐가 아닌 디지털 화폐로 대체되어 AI 로봇 하나가 창구직원 수십 명의 일을 대신하게 된다. 글로벌 시대 정착으로 글로벌 통합금융서비스는 지속 가능하다. 디지털 페이 스마트 페이로, 현금 사용해본 지 오래되었네!

5. 웨딩 산업과 아동보육 산업이 사라진다.

웨딩사업은 이미 저물어가는 사양사업이 되었다. 스몰 웨딩 붐을 타고 초 간단하게 가족들만이 참석하는 결혼식을 하거나 아예 예식 자체를 하지 않는 추세이다. 심지어 수천수만 명의 아주 많은 지인으로부터 축복받는 온라인 결혼식도 증가하고 있다.

아이를 한 명을 두거나 아예 없이 부부만 살아가는 핵가족과 혼자 살아가는 혼족의 빠른 증가로 이미 전통 가족구조는 해체되고 있다. 세계 최저출산율과 최고이혼율을 가진 한국은 더 이상 결혼이 없어질 수도 있다. 결혼해도 부부가 생활 파트너십 관계로 전락하거나 종족 보존을 위한 수단으로 변화하는 경우가 많아진다. 따라서 웨딩사업 및 아동보육 사업은 지는 산업이다. 대신 재산분배 및 보험 혜택 등 고령 및 은퇴컨설턴트 산업이 떴다. 물론 진정한 사랑꾼이 아예 사라지는 것은 아니다.

6. 노조가 사라진다.

4차 산업혁명 시대에 AI가 많은 분야에서 우리의 일자리를 대체하게 된다. 로봇에게 노조에 가입하라고 할 수는 없다. 이미 노조 가입 수는 1990년대 중반에 비교해 약 40%가량 줄었다. 코로나 시대와 코로나 이후에는 사회적, 물리적 거리두기 문화의 정착으로 인해 생겨나고 있는 혼족 문화, 재택근무, 모바일근무, 텔레오피스 근무 등 원격근무의 새로운 디지털노동형태가 등장했다. 노조모임이 사실상 불가능해지고 있다. 고용 형태 또한 평생직장 개념이 사라지고 대부분 파트타임 등 시간제 고용으로 가고 있다, 글로벌 시대 글로벌 기업들의 추세이다. 또 전문직들은 대개 노조활동에 무관심하다. 평생직장이자 평생직종이라는 개념이 사라지고 대부분은 독립자영업자로 파트타임으로 일하게 됨으로써 노사관계 성립이 불가능해진다. 그래서 노조도 AI 시대에 맞는 스마트노조로 가야 한다.

7. 사라지는 스포츠 선수가 있다.

양궁, 다트, 사격 선수부터 사라진다. AI는 무조건 10점 만점이다. 물론 2030년이 지나면서 AI 로봇의 숫자가 인간의 숫자를 능가하게 되면 순수 인간 체육대회가 따로 열릴 것이다. 로봇들은 그들만의 대회를 열 것이고 인간은 그들을 절대 이길 수 없기 때문이다. 이러한 AI 분야가 사회 모든 분야에 이미 깊숙이 스며들어 나도 모르는 사이에 AI와 함께 살아가고 있다.

2040년경 소멸하는 것들

1. 정당이 사라진다.

오래된 대의민주주의가 사라지고 신직접민주주의가 정착 되면서 나타나는 자연적인 현상이다. 국민에 의한 직접 정치, 국회의원, 시도의원이 아닌, 내가 주인인 국가를 만들어가는 과정이다. 공인된 여론조사기관에서 국민 여론을 수렴한 후 법을 제정하는 AI가 법을 만들고 적절하고 타당하고 아주 공정하게 집행한다. 정치인이나 의원을 꿈꾸고 있는 우리 학생들은 반드시 다시 생각해야 하는 직업군이다.

2. 국가 혹은 중앙정부의 개념이 희박해진다.

블록체인 AI 기반기술로 국가소멸은 아니지만, 지역별로 특화된 블록 경제공동체로 변형되고 있다. G7(선진 7개국 그룹: 미국·영국·프랑스·독일·이탈리아·캐나다·일본), G20(G7+한국, 아르헨티나·오스트레일리아·브라질·중국·인도·인도네시아·멕시코·러시아·사우디아라비아·남아프리카공화국·터키+의장국), EU, ASEAN(동남아시아국가연합: 필리핀·말레이시아·싱가포르·인도네시아·타이, 브루나이, 베트남, 라오스·미얀마, 캄보디아), NAFTA (North American Free Trade Agreement, 북미자유무역협정), AU(African Union), GCC(걸프만 협력회의, Gulf Cooperation Council, 사우디아라비아·쿠웨이트·아랍에미리트·카타르·오만·바레인), SCO(상하이협력기구, Shanghai Cooperation Organization, 중국·러시아·우즈베키스탄·카자흐스탄·키르기스스탄·타지키스탄) 그리고 설립 예정인 동북아경제통합국가 등이 대표적이다.

NGO(비정부기구)나 글로벌 기업 그리고 국제범죄 집단이나 초연결화된 커뮤니티들은 국제기구나 국제 자본 등과 권력을 공유하게 된다. 권력이 국제공유화 됨으로써 현존하는 국가와 중앙정부는 급속히 세력이 약화한다.

3. 일본은 군대를 다시 보유하게 된다.

전투 군인을 갖지 못하게 되어있는 일본 헌법은 2025년을 전후하여 개정될 것으로 예측하고 있다. 그 이유는 일본의 화려했던 경제부국의 시대는 끝나간다. 30여 년간 축적해 놓은 자금력으로 강한 군대를 다시 만들어 경제력을 대신해 군사력 우위로 국제사회에서 꾸준히 강한 일본의 영향력을 행사하고 싶어 하기 때문이다.

4. 원거리 진료가 보편화되어 현재의 의사진료실이 소멸한다.

소아마비는 멸종하는 전염병이 되고, AI에 의한 DNA 플랫폼 추적 장비 등이 보편화되어 마약 거래가 불가능해진다.

5. 화석연료 사용 불가로 자동차 배기가스가 사라진다.

카지노 딜러도 AI로 전면 대체되고, 마트나 가게의 커시어(cashier, 계산대 근무자) 소멸, 출판사, 서점의 소멸과 은행 또한 소멸을 예측한다. (2006년 9, 10호 Foreign Policy)

여러분도 당연히 그렇게 사라질 거라고 믿고 있을 것이다. 그런데도 현실적으로 진학을 해야 하고, 전공을 선택해야 하고, 취업해야 하고, 우선 급한 대로 먹고살기 위한 전공과 직업을 선택하게 된다. 불행은 여기서부터 시작된다. 열심히 공부하고 국내 자격증을 따고 시간과 돈을 충분히 들여서 졸업하고 사회에 나온 지 몇 년 되지 않아 내가 전공하고 선택했던 직업이 소멸해 가고 있다면 어찌하나? 여러분은 시간 부자라 했다. 길게 멀리 보고 여러분의 20대 중후반 이후부터 100년 동안 일할 직업을 찾아야 한다. 그것도 5~6개 이상 찾아야 살아갈 수 있다.

나는 청소년이다

120년 이상을 살아가야 할 여러분, 이제 인생을 막 시작한 여러분은 시간 부자들이다. 앞으로 100년이란 일할 시간이 여러분을 기다려주고 있다.

여러분은 롤(LOL) 게임과 베틀 그라운드(Battle Ground) 게임을 하고 카톡, 텔레그램과 페이스북, 틱톡, 인스타그램 등 다양한 사이버 온라인 SNS와 가상현실 속에서 하루의 반을 살아가고 있는 청소년이다. 여러분은 TMI 속에서 살아가는 복잡 다양성의 존재들이다. 무한경쟁 속에서 살아남는 방법을 터득해 가고 있다. 발품과 손과 뇌 품을 동시에 팔 수 있는 멀티세대의 신인류들이다.

이런 여러분을 X세대 아재들은 깊이 있게 알려고 하지 않는다. 그냥 시대차이, 세대 차이로 치부하려 한다. 여러분은 AI형 미래 인간들이다. 여러분이 여러분 청소년 자신을 이해하면 기업은 성공하고 미래를 이끌어 갈 수 있을 것이다. 코로나 이후 시대는 여러분이 나설 때이다.

50대에 뒤돌아본 인생

단 한 가지를 후회하고 참회하고 뉘우치고 반성한다. 시간 낭비와 용기 없었음을!

| 끝내는 말 |

게으르면 망한다.

멘탈을 키우자.

인생 100년 계획을 세우자.

뇌 청소를 하여 신인류로 살자.

글로벌 리더 그룹으로 살아보자.

4차 산업혁명 시대 초융합 AI형 글로벌 인재가 되자.

코로나 시대 사회 대변혁을 알아야 돈을 번다.

코로나 시대 사회 대변혁을 알아야 진로가 보인다.

여유 있게 멀리 보고 지속해서 매일매일 계획을 실행하자.

생뚱맞고 이상하고 엉뚱하자.

매일 5분씩 세계 공용어를 공부하자.

아시아의 시대를 맞이하자.

컴퓨팅스를 하자.

이 한 권의 책이 여러분들의 '미래 삶의 지침서'가 되기를 소망한다.

이 한 권의 책이 여러분들의 '미래진로 설계 지침서'가 되기를 간절히 바란다.

이 한 권의 책이 여러분들의 '미래 삶의 목표 설정'에 큰 도움이 되기를 바란다.

우리에게는 오직 미래만이 존재한다.
코로나 시대 사회 대변혁의 미래를 알아야 진로가 보인다!
미래는 여러분의 마음을 읽고 있다!

이 책의 내용 중 좀 더 자세한 자료가 필요한 분이나 기후환경 활동가 과정 등에 관심 있는 분은 아래 연락처나 SNS를 활용하시기 바랍니다.

jamespark21@naver.com
https://www.facebook.com/groups/209872466128351/